이영순의 바다 요리

해초와
미더덕

SeaFood

예신 BOOKS

여는글 PREFACE

언제부터인가 마음이 답답하거나 힘겨운 일이 있을 때 시장으로 달려가 활력과 생동감 넘치는 광경 속에서 나 자신을 또 한번 돌아보며 새롭게 마음을 추스리는 버릇이 생겼다. 돌이켜 생각해 보면 그 옛날 전기가 없던 시절, 부모님은 논밭에 나가 일하시다 해가 지면 집으로 돌아오셨다. 전답이 많던 집안의 맏딸로 태어난 덕분에 저녁밥은 자연히 내 몫이 된 것이 계기가 되어 7살 때부터 지은 가마솥 밥이 음식을 시작하게 된 첫걸음이 되었다.

엄마는 장손의 맏며느리로 음식 솜씨를 다양하게 발휘하셨고, 집안의 많은 손님들을 맞이해야 했었는데 그 일은 엄마와 장녀인 내 몫이었기에 음식을 자연스럽게 익히면서 시작한 공부가 벌써 36년이 되었다.

내 꿈은 자연에서 외식업을 경영하는 것이었는데, 다양한 시각으로 고객의 트렌드를 읽는 것을 게을리하지 않은 덕분에 외식 현장, 외식산업 현장에서 항상 고객을 리드해가는 감각을 가지게 되었고, 외식 컨설팅과 메뉴 개발, 식공간 연출 및 디스플레이, 서비스 교육 등으로 외식산업 현장에서 지식을 발휘할 수 있었으며 앞으로도 더욱더 다양한 분야에서 노력할 것이다.

이 책은 요리전문가, 어린이에서부터 나이 드신 어르신에 이르기까지 전 국민이 다양하게 활용할 수 있는 메뉴와 효능을 포함하고 있다. 외식산업 현장에서는 식재료의 다양한 종류에 목말라하던 많은 요리 전문가들에게 식재료의 신선함으로 다양한 메뉴를 개발할 수 있는 식재료의 참고서가 될 것이며 또한 일반인들에게는 현대인들의 공통 관심사인 다이어트에 필요한 칼로리가 거의 없는 식재료를 다루고 있어 많은 도움이 될 것이다. 특히 미더덕은 두뇌 개발과 숙취 해소, 노화 방지에 뛰어나고 소화가 잘되어 여러 분야에서 다양한 역할을 할 수 있다.

   마산시의 특산물인 미더덕과의 인연으로 요리 개발을 시작하면서 해안에 위치한 지리적 특성으로 다양한 해초류를 접할 수 있었다. 이를 계기로 책을 만들기 위해 2년여 간 준비를 하였지만 막상 책을 펴내고 나니 아직도 부족한 것이 많음을 느낀다. 요리 공부 또한 해도 해도 끝이 없는지라 평생을 해도 모자람을 느껴 끝없이 노력할 수 있는 계기를 마련하고자 이 책을 발간하였다.

   많은 이들이 격려와 도움을 주셨기에 가능하였으므로 저의 요리 개발이 책으로 발간될 수 있게 기회를 준 예신출판사 관계자 분들께 감사드린다.

   다양한 충고와 아이디어를 제공하고 동시에 항상 격려를 해준 내 사랑하는 딸 현정이와 남편 형환 씨, 몸이 불편하시면서도 자식 건강 걱정하시는 친정 부모님, 시어머님께 깊은 감사를 드린다.

저자 씀

차례
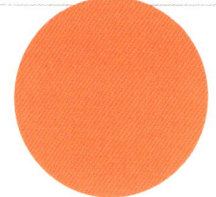
cook

Section 01 인기 반찬요리

미더덕양념무침 • 20
깐풍미더덕 • 23
두부미더덕피자 • 25
해초무쌈 • 26
바다자연샐러드 • 27
버섯미더덕잡채 • 29
미더덕란화우육 • 31
민속미더덕해초찜 • 33
깻잎미더덕전 • 34

미더덕완자전 • 35
해초보쌈전골 • 37
매생이두부찜 • 39
미더덕쑥국 • 40
표고미역국 • 41
미더덕팔보채 • 43
옥수수미더덕강정 • 45
매생이편채 • 46
미역완자탕 • 47

Section 02 아이들요리

- 통감자해초구이 • 51
- 미더덕해초파스타 • 53
- 피망해초크림찜 • 55
- 풀가사리고구마핑거 • 57
- 해초김말이튀김 • 59
- 파래스코치에그 • 60
- 미더덕떡볶이 • 61
- 미더덕자장밥 • 63
- 미더덕해초초밥 • 65
- 파래찐빵 • 66
- 미더덕팬케이크 • 67
- 해초삼색전 • 69
- 매생이옥수수탕 • 71
- 미더덕닭롤 • 72
- 해초유부초밥 • 73
- 해초오믈렛 • 75

Section 03 별미요리와 보양요리

- 해초김밥 • 79
- 미더덕쌈밥 • 81
- 매생이국수 • 83
- 해초비빔밥 • 85
- 매생이떡국 • 87
- 오이해초선 • 88
- 매생이수제비 • 91
- 풀가사리속청국 92
- 해초피클 • 93
- 해초해파리냉채 • 94
- 다시마양배추물김치 • 97
- 파래국 • 99
- 다시마두부선 • 101
- 미더덕국밥 • 103
- 해초양배추말이찜 • 105
- 매생이미음 • 106
- 미더덕죽 • 107

Section 04 간편한 반찬요리

꼬시래기무침 • 111
해초보쌈김치 • 113
톳새싹명란무침 • 114
미더덕젓갈 • 115
모자반찜 • 117
풀가사리두부무침 • 118
김매운강정 • 119
청포묵해초무침 • 121
해초볶음 • 122

미더덕땅콩장조림 • 123
톳조개탕 • 124
고구마해초생채 • 126
미더덕취나물무침 • 127
건미역볶음 • 129
해초냉국 • 131
해초미더덕스프 • 133
다시마감자조림 • 134
고추장해초조림 • 135

Section 05 파티요리

새우해초카나페 • 139
스타푸드해초에그 • 141
두부매생이냉채 • 143
미더덕초회 • 144
오색해초달걀말이 • 147
미더덕해초딤섬 • 149
해초주먹밥 • 150
미더덕바게트 • 153

해초샌드위치 • 155
해초쌀강정 • 157
해초경단 • 159
해초다식 • 160
파래양갱 • 161
해초과자 • 163
매생이사과주스 • 165

seaweeds

해초류의 특징

- 해초류는 녹색을 띠는 녹조류와 갈색을 띠는 갈조류, 붉은색을 띠는 홍조류로 나뉜다.
- 김, 다시마, 미역, 파래, 톳 등 종류도 다양한 해초류는 칼슘, 칼륨, 철분, 요오드, 아연 등 각종 미네랄과 비타민이 풍부해 우리 몸에 꼭 필요한 미량 원소를 충족시켜 준다.
- 열량은 높지 않으면서 부피가 비교적 크고, 식이 섬유소 함량이 높아 포만감을 주므로 겨울철에 열량을 과잉 섭취해 살이 찌는 것을 방지하기도 한다.
- 겨울철 변비에 즉효이며, 해초류는 양질의 식물성 섬유인 알긴산을 많이 함유하고 있어 대장의 연동 운동을 도와 변비 해소에 효과가 탁월하다.
- 해초류의 알칼리 이온은 체내의 산성 노폐물과 결합하여 배설되기 때문에 신진대사 작용을 활발하게 돕는다.
- 해초류에 풍부한 칼슘은 골다공증이나 골연화증을 예방해 주고 노화를 막아주는 데 효과가 있고, 요오드는 식욕을 촉진시키고 갑상선 부종을 막아주며 머리카락을 부드럽게 해준다.
- 피를 맑게 하고 활성산소의 생성과 과산화지질의 생성을 억제해 노화를 방지한다. 칼로리가 낮아 비만 방지에 효과가 있으며 철분이 풍부해 빈혈을 예방한다.
- 해초류의 성분들은 노폐물의 직접적인 배설은 물론 이차적으로 발생될 수 있는 독성 제거에도 크게 기여하는데, 콜레스테롤 저하와 중금속 등 유독 물질을 흡착하여 배출하므로 공해 속에 생활하는 현대인에게는 필수 식품이라고 할 수 있다.

01 천연해초양념장 만들기

천연해초양념장은 모든 요리에 기본적으로 쓰이는 기초양념으로, 미리 넉넉하게 만들어 두고 요리할 때마다 쓰면 산뜻하고 감칠맛 나는 요리를 즐길 수 있다.

해초 진간장

해초진간장은 시판되고 있는 진간장에 여러 가지 해초와 미더덕껍질을 넣고 끓여 만든 것이다. 시원하고 진한 감칠맛이 나서 요리의 맛과 향을 더 깊게 해준다. 진간장을 쓰는 거의 모든 요리에 활용할 수 있고, 음식을 더욱더 개운하고 깔끔하게 해준다.

재료

진간장 3컵
설탕 4큰술
고추씨 1큰술
건홍고추 1개
백포도주 5큰술
후추 1/2작은술
물엿 3큰술
꿀 4큰술
쇠고기(양지머리) 150g
건톳 20g
건다시마 20g
건미더덕껍질 40g
깻잎 4장
마늘 5쪽
생강 5g

만드는 법

❶ 마늘과 생강은 도톰하게 저미고, 건홍고추를 적당한 크기로 자른다.
❷ 해초와 미더덕껍질은 불려서 깨끗이 씻어 놓고, 깻잎은 반으로 자르고, 쇠고기는 도톰하게 썬다.
❸ 냄비에 간장과 설탕을 넣은 다음 고추씨, 홍고추, 백포도주, 후추, 쇠고기, 해초, 미더덕껍질의 재료를 넣고 중불에 끓인다.
❹ 넘치지 않게 지켜보고 있다가 간장이 끓어오르면 약한 불로 줄인 후 10분 뒤 다시마와 톳은 건지고 나머지 재료는 은근하게 20~30분 정도 더 끓인다.
❺ 마지막에 물엿과 꿀을 넣고 저어서 잠깐 한번 더 끓인 뒤 식혀 체에 거른다.

보관 방법
소독한 밀폐용기에 담아 상온에 2개월, 냉장고에 4개월 정도 보관한다.

해초 국간장

해초국간장은 시판되는 국간장에 여러 가지 해초와 미더덕껍질을 넣고 끓여 만든 것이다. 담백하고 시원하며 은은한 감칠맛이 나서 요리의 맛과 향을 더 깊게 해준다. 모든 요리에 활용할 수 있다.

재료

국간장 3컵
물엿 2큰술
고추씨 1큰술
건홍고추 1개
백포도주 5큰술
흰후추 1/2작은술
건모자반 30g
건미더덕껍질 30g
건새우 30g
깻잎 2장
양파 1/4개
대파 1/4개
마늘 5쪽
생강 3g
물 2큰술

만드는 법

1. 마늘과 생강, 양파, 대파는 도톰하게 썰고, 건홍고추는 어슷썰기한다.
2. 해초와 미더덕껍질, 새우는 불려서 깨끗이 씻어 놓고, 깻잎은 씻어 반으로 자른다.
3. 냄비에 국간장과 고추씨, 홍고추, 백포도주, 흰후추, 해초, 미더덕 껍질, 양파, 대파, 물 등의 재료를 넣고 중불에 끓인다.
4. 국간장이 끓어오르면 약한 불로 줄여서 은근하게 15~20분 정도 더 끓인다.
5. 마지막에 물엿을 넣고 저어서 잠깐 한번 더 끓인 뒤 식혜 체에 거른다.

보관 방법

소독한 밀폐용기에 담아 상온에 2개월, 냉장고에 4개월 정도 보관한다.

해초액즙

고기, 생선, 야채 등의 모든 재료를 밑간할 때 쓰면 누린내나 비린내 등의 잡냄새가 없어지고, 연육작용을 하기 때문에 고기가 연해진다. 특히 알칼리성 양념으로 고기와 같은 산성 식품에 첨가하면 중화작용을 한다. 고기와 함께 섭취를 하면 혈중콜레스테롤을 낮추어주고 음식의 소화력도 높여주며 부패도 막아준다.

재료

톳 40g
모자반 40g
건미더덕껍질가루 40g
무 150g
배 150g
양파 150g
마늘 100g
생강 5g

만드는 법

1. 무는 깨끗이 씻고, 배는 껍질을 벗겨 다듬는다.
2. 생강은 껍질을 살살 긁어내고, 모자반은 씻어 물기를 뺀다.
3. 모든 재료를 썰어 믹서에 넣고 갈아 즙을 낸다.
4. 간 재료들은 체에 받쳐 즙만 거른다.

보관 방법

작은 밀폐용기에 나눠 담아 냉동 보관하고, 3일 사용할 분량씩만 냉장 보관하며 사용한다. 냉동 보관은 2개월, 냉장 보관은 3~5일 정도 하면 된다.

해초기름

식용유에 여러 가지 해초와 미더덕껍질의 재료를 넣고 끓인 기름으로, 볶음이나 부침에 사용하면 은은한 향과 시원한 감칠맛이 재료에 배어 풍미가 좋아진다. 기름이 많이 들어가는 요리에 해초기름을 사용하면 느끼한 맛이 적어진다.

 재료 [4인분]

식용유 3컵
건홍고추 1개
건톳 20g
건미더덕껍질가루 20g
깻잎 2장
마늘 5쪽
생강 2개
대파 1/4개
양파 1/4개

만드는 법

① 깻잎은 꼭지를 따고 물기를 완전히 턴다.
② 마늘과 생강, 홍고추는 얄팍하게 썰고 대파와 양파는 큼직하게 썬다.
③ 식용유가 차가울 때 모든 재료를 넣고 약한 불로 끓인다. 야채의 수분이 거의 빠져나가고 야채가 연한 갈색으로 변할 때까지만 끓인다. (야채가 탈 때까지 끓이지 않도록 주의한다.)
④ 모든 재료는 기름에 오래 담가두지 말고 기름이 뜨거울 때 바로 고운 체에 밭쳐 거른다.

보관 방법

한번 끓인 기름이므로 반드시 밀폐용기에 담아 보관해야 하며, 상온에 2주, 냉장고에 2개월 정도 보관 가능하다.

해초 고추기름

해초고추기름은 고춧가루를 해초기름에서 우려낸 것이다. 느끼하지 않고 향긋하며 붉은 빛이 식욕을 자극한다. 매운 볶음요리나 조림 등 다양하게 활용된다.

 재료 [4인분]

식용유 3컵
건홍고추 1개
건톳 20g
건미더덕껍질가루 20g
깻잎 2장
마늘 5쪽
생강 2개
고추씨 1큰술
대파 1/4개
양파 1/4개

만드는 법

① 해초기름을 30~40℃ 정도로 따뜻하게 데운다.
② 불을 끄고 데운 기름에 고춧가루를 넣어 4시간 이상 맛이 우러나도록 그대로 둔다(기름에 고춧가루를 볶으면 고춧가루가 타서 기름의 색이 검어지므로 반드시 불을 끄고 우려낸다).
③ 빨갛게 빛깔이 우러나면 체에 면보자기를 깔고 맑게 거른다.

보관 방법

한번 끓인 기름이므로 반드시 밀폐용기에 담아 상온에 2주, 냉장고에 2개월 정도 보관한다.

02 천연해초양념가루 만들기

다시마가루

맛국물이나 가루 형태로 음식에 넣어 조림, 국, 볶음요리에 많이 사용된다. 흰색 무침에는 빛깔이 나빠지니 넣지 않는 것이 좋다.

만드는 법

다시마 표면에 있는 흰가루를 행주로 닦아 바싹 말려 분쇄기에 곱게 갈아 밀폐용기에 보관한다.

파래가루

마른 파래는 사용 용도가 매우 다양하다. 과자를 굽거나, 튀김, 경단 등에 이용 가능하고 향미도 독특하여 입맛을 돋아준다.

만드는 법

마른 파래를 프라이팬에 바삭하게 볶아 잘게 부순 뒤 분쇄기에 곱게 갈아 밀폐용기에 보관한다.

미더덕껍질가루

미더덕 껍질도 알맹이와 같은 영양 성분이 들어 있어 국물요리, 볶음요리, 찜요리, 구이요리, 피로회복요리, 간식요리 등에 이용된다.

만드는 법

껍질은 찬물에 여러 번 씻어 수분을 뺀 뒤 물기를 제거하고 말려서 마른 프라이팬에 볶은 후 분쇄기에 곱게 갈아 밀폐용기에 보관한다.

풀가사리가루

칼로리가 전혀 없어 다이어트 요리에 좋으며, 몸이 찬 사람에게 혈액을 정화시켜 주는 요리로 많이 사용된다.

만드는 법

풀가사리를 잘 말려서 분쇄기에 넣고 곱게 갈아서 밀봉하여 보관하거나 냉동 보관한다.

미역가루

칼슘과 철분 등 미네랄이 많이 들어있고 가루 내어 꾸준히 복용하면 편도선염을 예방할 수 있다. 차로 마시면 다이어트에도 좋다. 수제비나 칼국수 반죽에 섞어서 사용하면 밀가루에 부족한 비타민과 식이섬유들을 같이 섭취할 수 있다.

만드는 법
마른 미역은 프라이팬에 살짝 볶아 분쇄기에 넣고 갈아서 밀폐용기에 담아둔다.

톳가루

된장국, 소고기국에 천연조미료로 사용한다. 우유 250mL에 톳가루 1/2큰술 넣고 먹으면 성장기 어린이의 간식으로도 사용 가능하며, 밥을 지을 때 넣으면 찰지고, 목욕 시 톳가루에 물과 꿀을 넣어 마사지 팩으로도 사용하면 피부에도 좋다.

만드는 법
톳은 물에 2~3시간 정도 담가 염분을 제거하고, 찬물에 여러 번 씻어 수분을 뺀 뒤 말려서 분쇄기에 갈아 밀폐용기에 보관한다.

꼬시래기가루

해초는 풍부한 식이섬유와 무기염류, 알칼리성 식품으로 성장기 어린이의 간식요리에 많이 사용된다. 밥, 찐빵, 경단, 다식 등의 요리에 이용하면 좋다.

만드는 법
꼬기래기도 염분을 빼주고 말린 뒤 분쇄기에 넣고 곱게 갈아준다.

모자반가루

볶음, 무침, 전을 부칠 때와 해초간장을 만들 때 넣으면 색과 맛이 잘 어우러지고 감칠맛이 난다.

만드는 법
모자반을 잘 말려서 분쇄기에 넣고 곱게 갈아준다.

03 해초와 미더덕을 이용한 기본 육수 내기

다시마 육수내기

재료 : 다시마 4장, 무, 대파, 양파, 건표고버섯, 건미더덕껍질

1. 다시마는 표면의 하얀색 가루나 먼지 등의 더러움을 행주로 닦아낸다.
2. 미더덕껍질과 해초는 불린 후 씻어 놓고 양파, 대파, 무는 깨끗이 손질한다(미더덕껍질이 없으면 미더덕을 사용하여도 무방하다).
3. 표고는 미지근한 물에 불려 놓았다가 사용한다(불렸던 물 그대로 육수에 사용).
4. 분량의 물에 다시마를 넣고 30분 정도 불린 다음 5~10분 정도 끓인다.
5. 위의 재료를 다 넣고 끓기 시작하면 다시마는 바로 건져낸다(너무 오래 끓이면 쓴맛이 나므로 주의한다).

멸치해초 국물내기

재료 : 굵은멸치 10개, 다시마 1장, 건톳 30g, 물 6컵, 청주 1큰술, 무 1/4개, 대파 1/2개, 파뿌리

1. 멸치는 쓴맛이 나지 않도록 머리와 내장을 제거하고, 톳은 씻어서 불려 놓고, 다시마는 흰가루를 닦고 국물이 잘 우러나도록 군데군데 가위질을 한다.
2. 멸치는 마른 프라이팬에 볶아 비린내를 날린다.
3. 모든 재료를 넣고 육수가 끓어 기포가 생기기 시작하면 다시마와 톳은 건진다.
4. 끓기 시작해서 15분쯤 지나면 불을 끄고 국물을 거른다.

조개미더덕 국물내기

재료 : 모시조개 2컵, 대파 1개, 건홍고추 1개, 물 8컵, 청량고추 1/2개, 무 1/4개, 건미더덕껍질 30g, 건모자반 30g

❶ 조개는 소금을 한줌 넣고 박박 비벼 깨끗이 씻어 연한 소금물에 담가 어두운 곳에서 해감을 한다(검은색 비닐을 덮어서 해감시키기도 한다).

❷ 미더덕껍질과 모자반은 씻어서 물에 불려 놓는다.

❸ 위 재료를 다 넣어 끓기 시작한 지 5~10분 후에 모자반은 건지고 나머지는 10분 정도 더 끓인다.

❹ 국물은 고운 체나 면보로 걸러서 사용한다(조개에 모래가 있기 때문에).

가다랑어미더덕 국물내기

재료 : 다시마 1장, 물 4컵, 가쓰오부시 1컵, 맛술 1큰술, 건미더덕껍질 30g, 무 1/4개, 대파 1/2개

❶ 냄비에 분량의 물을 넣고 손질한 미더덕껍질, 무, 맛술, 대파, 다시마를 넣은 후 끓으면 다시마는 건져낸다.

❷ 10분 더 끓인 국물에 가쓰오부시를 넣고 3분 정도 끓인다.

❸ ❷를 불에서 내린 후 국물이 노르스름하게 우러나도록 그래도 둔다.

❹ 국물이 완전히 식으면 면보에 걸러 사용한다.

야채 국물내기

재료 : 당근 2개, 애호박 1개, 대파 1개, 셀러리 1줄기, 양파 1/2개, 통후추 6알, 물 5컵, 무 1/4개, 미더덕껍질 40g

❶ 모든 야채를 깨끗이 씻어 1~2cm 두께로 통썰기한다.
❷ 미더덕껍질은 씻어서 불린다.
❸ 위의 모든 재료에 분량의 찬물을 부어 끓인다.
❹ 끓기 시작하면 중불 이하에서 15분 정도 서서히 끓여준 다음 그대로 식힌다.
❺ 끓인 국물을 깨끗한 면보에 걸러 국물만 받아내어 사용한다.

양지머리 국물내기

재료 : 양지머리 500g, 물 6컵, 대파 1대, 마늘 3쪽, 양파 1/4개, 생강 2개, 건홍고추 1개, 후추, 미더덕껍질 40g

❶ 양지머리로 준비해 기름을 떼고 물에 1시간 정도 담가 핏물을 뺀다.
❷ 씻어 놓은 미더덕껍질과 대파, 마늘, 양파를 넣은 후 물을 넉넉히 붓고 끓인다.
❸ 물이 끓으면 양지머리를 넣고 푹 끓인다(거품은 수시로 건져낸다).
❹ 국물이 우러나면 식혀서 체에 받친다. 고기는 결대로 찢어서 요리에 이용한다.

미더덕

● 효능
미더덕은 특이한 향을 지니고 있어 음식에 향을 더해준다. 날로 먹으면 그 향미와 질감이 더 살아난다. 피부 미용과 비만 예방에 도움이 되고, 유리아미노산 및 고도불포화지방산을 많이 함유하고 있어 성장기 청소년과 유아의 두뇌 발달에 좋다. 숙취 제거에 특효(콩나물에 10배)이며 특히 소화가 잘 된다.

● 영양 성분
유리아미노산 및 고도불포화지방산, DHA, EPA, 아미노산 및 타우린 등을 많이 함유하고 있다(DHA : 학습 기능 향상, 혈중 콜레스테롤 함량 저하, 항암 작용, 노화 억제 등에 효과. EPA : 동맥경화, 고혈압, 뇌출혈, 담낭염, 간장병 등의 예방에 효과).

● 생산지와 생산 시기
우리나라 및 극동 아시아에만 분포하고 있으며, 우리나라 생산량의 약 70%가 마산고현, 진해만에서 생산이 되며 남해안을 중심으로 많이 서식하고 있다. 생산 시기는 4~7월경이 성수기이다. 몸통이 잘며 통통하고 진한 색을 띠는 것이 좋다.

● 손질법과 보관법
미더덕은 두꺼운 껍데기를 돌려가며 절반만 때어 내고 칼끝이나 꼬지로 끝을 살짝 터뜨린 후 연한 소금물로 소쿠리를 받쳐 흐르는 물에 살랑살랑 씻는다. 깐껍질은 육수 다시용으로 사용하며, 가루를 내어 소금 대용으로도 사용 가능하다. 바로 구입해서 신선한 것을 먹는 게 가장 좋으나 그렇지 못할 경우 냉동보관해서 사용한다. 끓이는 요리를 할 때는 칼로 물이 차 있는 부분을 터뜨리고 해야 한다. 그렇지 않으면 입안에 화상을 입을 수 있다.

Section 01

인기 반찬요리

미더덕양념무침 | 깐풍미더덕 | 두부미더덕피자 | 해초무쌈 | 바다자연샐러드 | 버섯미더덕잡채
미더덕란화우육 | 민속미더덕해초찜 | 깻잎미더덕전 | 미더덕완자전 | 해초보쌈전골 | 매생이두부찜
미더덕쑥국 | 표고미역국 | 미더덕팔보채 | 옥수수미더덕강정 | 매생이편채 | 미역완자탕

미더덕양념무침

1인분 열량 [**82** *kcal*]

 이렇게 만들어요

1. 미더덕은 내장을 제거한 후 깨끗이 씻어 체에 밭쳐 물기를 빼준다.
2. 대파, 청·홍고추는 손질해 씻은 후 어슷썰고, 양파는 채썰어 놓는다.
3. 냄비에 분량의 양념1을 넣고 한소끔 끓어오르면 불에서 내려 식힌다.
4. 3에 분량의 양념2를 넣고 골고루 섞은 다음 야채와 다진 생강을 넣어 살살 버무린다.
5. 볼에 미더덕을 담고 양념을 넣어 고루 무친다.

재료 [4인분]

미더덕 300g, 대파 1/4대, 양파 1개, 청·홍고추 1개씩, 다진생강 10g

양념1 : 해초진간장 8큰술, 사이다 6큰술, 설탕 3큰술, 물엿 3큰술

양념2 : 고운고추가루 6큰술, 굵은고춧가루 3큰술, 다진마늘 3큰술, 청주 3큰술, 참기름 1큰술, 양파즙·사과즙·배즙각 2큰술씩, 깨소금 1큰술

SeaFood Tip /

미더덕은 내용물을 빼지 않고 먹게 되면 짜기도 하고 입속을 데일 수도 있다. 미더덕의 짠맛을 빼기 위해 깨끗이 손질한 후 칼집을 넣어 빼주기도 하고 이쑤시개나 바늘을 이용해 찔러준 뒤 내용물을 제거하기도 한다.

깐풍미더덕

1인분 열량 [*152 kcal*]

 이렇게 만들어요

1. 미더덕은 껍질과 내장을 제거하고 흐르는 물에 깨끗이 씻은 뒤 수분을 제거한다.
2. 대파, 청·홍고추, 마른고추는 잘게 썰고, 마늘은 굵게 다진다.
3. 녹말 앙금에 달걀흰자를 넣고 섞은 뒤 미더덕을 넣어 튀김옷을 입힌다.
4. 170℃의 튀김기름에 미더덕을 넣고 노릇하게 튀겨 기름을 뺀다.
5. 프라이팬에 고추기름을 두르고 대파, 마늘, 마른고추, 청·홍고추를 넣어 향이 나게 볶다가 굴소스, 청주, 해초진간장을 넣고 빨리 볶아준다.
6. 5에 육수와 설탕, 식초를 넣고 끓인 뒤 튀긴 미더덕을 넣어 빠르게 섞은 후 참기름을 둘러준다.

 재료 [4인분]

미더덕 200g
녹말물 50g
달걀흰자 1/2개
튀김기름 적당량

깐풍 소스

해초고추기름 1큰술
대파 1/2큰술
마늘 1/2큰술
청주 1큰술
굴소스 1작은술
청·홍고추 1개씩
마른고추 1개
해초진간장 1큰술
물 5큰술
설탕 1큰술
식초 1큰술
후추 약간
물녹말 약간

SeaFood **Tip** /

▶▶ 깐풍미더덕은 튀긴 미더덕을 소스에 넣고 소스가 흘러내리지 않게 촉촉한 상태로 튀김에 고루 스며들도록 센불에서 수분을 날리며 재빨리 볶아내야 제 맛을 즐길 수 있다.

▶▶ 깐풍 소스는 대파, 마늘, 고추 등을 입자가 살아나도록 굵게 다진 뒤 기름에 달달 볶아 향을 살려 맛을 낸 소스이다. 소스에 닭고기를 넣으면 깐풍기, 돼지고기를 넣으면 깐풍육, 새우를 넣으면 깐풍새우가 된다.

두부미더덕피자

1인분 열량 [*132 kcal*]

 이렇게 만들어요

1. 두부는 키친타월로 물기를 제거한 다음 1×3×3cm로 썬 후 소금을 뿌려 놓는다.
2. 미더덕은 껍질과 내장을 제거하고 씻은 후 잘게 다진다.
3. 해초는 손질 후 수분을 제거하고 먹기 좋게 뜯어 놓는다.
4. 프라이팬에 식용유를 두르고 두부를 앞뒤로 지져낸다.
5. 양파, 마늘은 큼직하게 다지고, 방울토마토는 4등분한다.
6. 기름을 두른 프라이팬에 마늘, 양파, 미더덕 순으로 넣고 볶아준다.
7. 6에 토마토페이스트를 넣고 한 덩어리가 되면 물, 소금, 후추를 넣고 약불에서 조린다.
8. 두부에 볶아낸 소스를 위에 올리고 모차렐라치즈를 얹은 후 220℃로 예열한 오븐에 15분간 구워낸다(찜기에 쪄도 좋다).
9. 먹기 좋게 접시에 담아 해초와 방울토마토로 장식을 한다.

 재료 [4인분]

두부 1모
미더덕 200g
방울토마토 10개
양파 50g
마늘 2쪽
모차렐라치즈 100g
토마토페이스트 1큰술
물 30ml
소금·후추 약간
해초기름 약간

SeaFood **Tip** /

프라이팬에 부쳐낸 두부가 싫으면 생두부 자체에 토핑하여 구워내면 두부의 담백한 맛을 그대로 느낄 수 있다.

해초무쌈

1인분 열량 [**54** *kcal*]

재료 [4인분]

무쌈 12장
홍피망 1개
배 1/2개
톳 50g
건풀가사리 20g
모자반 50g
무순 20g
다시마 40g
소금 약간

땅콩 소스

땅콩버터 1큰술
허니머스터드 1큰술
간장 1큰술
식초 1큰술
꿀 1큰술
레몬즙 1작은술

 이렇게 만들어요

1. 건풀가사리는 물에 불려 물기를 빼고, 모자반과 톳은 씻어 물기를 뺀다.
2. 다시마는 끓는 물에 살짝 데쳐 찬물에 헹군 뒤 가늘게 채 썰어 놓는다.
3. 배와 홍피망은 채썰고, 무순은 씻은 후 가지런히 준비한다.
4. 무쌈에 채소와 해초류를 올리고 돌돌 말아 준다.
5. 땅콩 소스와 곁들여 접시에 담는다.

바다자연샐러드

1인분 열량 [**51** *kcal*]

  재료 [4인분]

톳 40g
모자반 40g
꼬시래기 40g
건풀가사리 20g
새싹 10g
레몬 1개

소스

해초진간장 4큰술
식초 2큰술
설탕 2큰술
참기름, 청주 1큰술씩
깨소금, 마늘 1큰술씩
올리브오일 3큰술
다진파 약간
다진양파 1큰술

 이렇게 만들어요

1. 해초류는 손질한 다음 적당한 크기로 잘라 씻은 후 물기를 빼 놓는다.
2. 야채는 손질한 후 잘라 씻어서 물기를 빼 놓는다.
3. 분량의 소스를 만들어 준비한다.
4. 그릇에 해초를 담고 소스를 뿌리거나 담아낸다.

버섯미더덕잡채

1인분 열량 [**284** *kcal*]

 이렇게 만들어요

1. 당면을 찬물에 1시간 정도 불린 다음 적당한 길이로 자른다.
2. 미더덕은 엷은 소금물에 씻어 건진 후 물 2컵에 대파, 마늘을 넣고 끓인 후 미더덕은 건져 놓는다.
3. 건져낸 미더덕을 잘게 썰어서 해초진간장, 황설탕, 후추, 참기름을 넣고 밑간을 해둔다.
4. 표고버섯은 씻어 물에 불린 다음 밑기둥을 떼고 물기를 짠 후 채썰어 해초진간장, 설탕, 참기름, 마늘로 밑간을 해둔다.
5. 목이버섯도 손질하여 참기름, 소금으로 밑간을 해둔다.
6. 애호박, 홍·청피망, 당근은 같은 길이로 채썰어 소금간을 해둔다.
7. 준비된 재료는 센 불에 한 가지씩 재빨리 볶아낸다.
8. 프라이팬에 육수를 붓고 진간장, 식용유를 약간 넣고 끓기 시작하면 불린 당면을 넣어 면이 부드러워질 때까지 조린다.
9. 조린 당면에 볶아 놓은 모든 재료를 잘 혼합하여 볶은 후 마지막에 참기름, 후추, 통깨를 뿌린다.

 재료 [4인분]

당면 200g
미더덕 200g
표고버섯 4개
목이버섯 약간
당근 1/4개
애호박 1/4개
청피망 1/2개
홍피망 1/2개
미더덕다시마육수 2컵
해초기름 적당량
해초진간장 3큰술
소금 2작은술
참기름 1큰술
후추 약간
대파 1/4대
황설탕 1큰술
마늘 1큰술

Seafood Tip /

푸른색의 미나리는 잡채의 간을 맞춘 후 나중에 넣고 섞으면 더욱더 신선해 보이며, 재료를 볶을 때는 연한 색의 재료부터 볶는데 쇠고기와 표고버섯은 맨 나중에 볶는 것이 깨끗하고 맛이 있다.
당면은 찬물에 불려 볶는 것이 아니라 조리는 것이 쫄깃하고 담백한 맛을 느낄 수 있다.

미더덕란화우육

1인분 열량 [*145 kcal*]

이렇게 만들어요

1. 쇠고기는 편으로 썰어 핏물을 제거하고, 미더덕은 깨끗이 씻은 후 물기를 뺀다. 달걀에 녹말가루를 섞어 쇠고기와 미더덕에 반죽을 입혀 기름에 지져낸다.
2. 브로컬리는 한입 크기로 썰어 끓는 물에 소금을 넣어 데치고, 피망은 씨를 제거하고 적당한 크기로 썰어둔다. 해초류도 손질 후 물기를 제거하고 먹기 좋게 잘라 준비한다.
3. 마늘과 대파는 편으로 썰고, 생강은 굵게 다진다.
4. 프라이팬에 해초고추기름을 두르고 뜨거워지면 파, 마늘, 생강을 넣어 볶다가 해초진간장, 청주로 향을 내주고 육수를 부어 두반장, 굴소스로 간한다. 물녹말을 풀어 걸쭉하게 한 뒤 끓인다.
5. 접시에 쇠고기와 미더덕 지진 것을 담고 브로콜리로 테두리를 장식한다.
6. 소스를 가운데 뿌려낸다.

재료 [4인분]

미더덕 200g
쇠고기 200g
톳 50g
모자반 50g
풀가사리 50g
청·홍피망 1/2개씩
브로콜리 1개
대파 1대
생강 1쪽
마늘 4쪽
달걀 1개

소스

녹말가루 1컵
해초고추기름 1큰술
굴소스 2큰술
두반장 1큰술
육수 1컵
해초진간장 1큰술
청주, 후추 약간
기름 적당량

SeaFood Tip /

고기의 핏물을 빼는 것은 국물을 낼 때에만 하는 것으로 알고 있는데 튀김이나 불고기를 할 때도 핏물을 빼고 조리해야 개운한 맛을 낼 수 있다. 단 튀김이나 불고기감으로 준비한 고기는 물에 담가두지 않고 체에 밭쳐두거나 종이타월 위에 올려서 핏물을 뺀다. 종이 타월을 2~3번 갈아주면 핏물이 잘 빠진다. 핏물을 빼야 고기의 누린내가 없어진다.

민속미더덕해초찜

1인분 열량 [*131 kcal*]

 이렇게 만들어요

1. 미더덕은 내장만 제거하고 엷은 소금물에 씻어 건지고, 해초류들도 손질한 후 물에 씻어 물기를 빼고 먹기 좋게 썰어둔다.

2. 콩나물은 씻어서 물기를 빼고, 미나리는 뿌리 부분을 잘라내고 잎을 떼어낸 뒤 씻어 고사리와 같이 5cm 길이로 썬다.

3. 대파와 양파, 청·홍고추는 어슷하게 썰며, 소라는 잘게 썰어둔다.

4. 양념 재료를 모두 섞어 양념장을 만든다.

5. 약간의 다시마육수에 미더덕과 콩나물, 고사리, 소라살, 조갯살을 넣고 삶은 후, 양념장을 넣고 섞어서 저어가며 볶듯이 끓인다.

6. 5에 미나리, 대파, 청·홍고추, 해초류, 양파를 넣고 섞은 다음 소금간하여 불을 끄고 땅콩가루를 뿌린다.

 재료 [4인분]

미더덕 300g
콩나물 100g
삶은고사리 40g
소라살 100g
조갯살 50g
미나리 50g
건불가사리 20g
톳 40g
모자반 50g
대파 1대
청·홍고추 1개씩
땅콩다짐 1큰술
물 1/2컵
양파 1개

양념장

다진마늘 2큰술
다진파 2큰술
설탕 1큰술
청주 1큰술
들깨가루 2큰술
참깨가루 2큰술
찹쌀가루 3큰술
소금 약간
해초가루 1작은술
다시마육수 1컵

SeaFood Tip /

고사리는 단백질과 섬유소가 많고, 칼슘과 칼륨 등 각종 무기질이 풍부하며, 성질이 차서 열을 없애고, 소변이 잘 나오도록 하며, 음식의 소화를 촉진시킨다.

깻잎미더덕전

1인분 열량 [*140 kcal*]

 이렇게 만들어요

1. 두부는 마른 면보에 물기를 꼭 짠 후 곱게 으깨어 놓는다.
2. 미더덕은 내장을 제거하고 흐르는 물에 씻은 다음 다진다.
3. 다진 양파는 프라이팬에 한번 볶아서 수분을 제거해 준다.
4. 두부, 미더덕, 양파, 소금, 후추를 넣고 섞어서 소를 만든다.
5. 깻잎에 부침가루를 묻히고 여분의 가루는 털어낸다.
6. 깻잎을 길이로 반쪽만 소를 얇게 펴 붙인 후 반으로 접는다.
7. 프라이팬을 달궈 해초기름과 참기름을 섞어 두르고 소를 넣은 깻잎에 달걀을 입혀서 약한 불에서 부친다.

재료 [4인분]

미더덕 200g
깻잎 10장
다진양파 50g
부침가루 2큰술
해초기름 1큰술
참기름 1작은술
두부 1/4모
달걀 1개
소금, 후추 약간

미더덕완자전

1인분 열량 [**116** *kcal*]

 이렇게 만들어요

1. 미더덕은 주물러 씻어 내장을 제거한 후 잘게 다진다.
2. 매생이는 엷은 소금물에 흔들어 씻어 수분을 제거한다.
3. 두부는 체에 내려 면보에 짜서 수분을 제거한다.
4. 볼에 잘게 다진 미더덕, 매생이, 두부, 부침가루, 후추, 소금을 넣고 반죽한다.
5. 프라이팬에 기름을 두르고 한입 크기로 반죽한 완자에 가루를 묻힌 후 달걀물을 입혀 노릇노릇하게 부친다.

 재료 [4인분]

미더덕 200g
매생이 50g
두부 1/2모
부침가루 1컵
달걀 1개
소금, 후추 약간

해초보쌈전골

1인분 열량 [**86** *kcal*]

이렇게 만들어요

1. 배춧잎은 끓는 소금물에 너무 무르지 않게 삶는다.
2. 두부는 면보에 싸서 물기를 제거하고 칼등으로 으깨준다.
3. 해초는 손질 후 여러 번 헹궈 수분을 빼준다.
4. 새우와 미더덕도 깨끗이 씻은 후 물기를 없애고 잘게 다져준다.
5. 넓은 그릇에 손질된 재료와 해초를 담고 다진 파, 마늘, 소금, 참기름, 깨소금을 넣고 잘 버무린다.
6. 삶은 배춧잎을 잘 편 후 만들어 놓은 소를 한 국자씩 떠 넣고 모양을 만들어 말아준다.
7. 냄비에 만들어 놓은 보쌈을 넣고 육수를 붓고 끓인 후 홍고추, 대파를 넣고 한 번 더 끓인다.

재료 [4인분]

배춧잎 8장
두부 1/2모
달걀 1개
새우 100g
미더덕 100g
모자반 50g
톳 50g
꼬시래기 30g
소금, 후추 약간씩
참기름 약간
다시마육수 4컵
다진파, 마늘 2큰술
홍고추, 대파 약간씩

SeaFood **Tip** /

배춧잎은 적당히 삶아야 아삭거리는 맛이 살아난다. 잎이 넓고 두꺼운 배춧잎을 한 장씩 손질해 끓는물에 줄기 쪽부터 넣고 삶는다. 너무 무르지 않게 삶아 찬물에 곧바로 담가 두어야 물컹거리지 않는다.

매생이두부찜

1인분 열량 [*151 kcal*]

이렇게 만들어요

1. 매생이는 찬물에 여러 번 헹궈 씻은 후 체에 밭쳐 물기를 빼고 적당한 크기로 썬다.
2. 두부는 거즈에 넣고 물기를 짠 다음 으깨고, 새우는 내장을 뺀 후 곱게 다진다.
3. 석이버섯은 따뜻한 물에 불려 뒷면의 이끼와 돌을 제거하고 곱게 채썬다.
4. 홍고추는 씨를 제거하고 곱게 채썰고, 다시마는 살짝 구워 부숴 놓는다.
5. 달걀은 황백지단으로 나누어 지단을 부친 후 가늘게 채썬다.
6. 매생이와 두부, 새우, 소금, 후추를 치대어 섞은 후 젖은 면보를 깔고 두께 1cm로 펴 놓는다.
7. 김이 오른 찜통에 매생이두부찜을 얹어 중불에서 5분 정도 찐 후 달걀물로 찜 위를 바른 뒤 황백지단, 홍고추, 석이, 다시마가루를 올린 후 5분 정도 더 찐 후 불을 끈다.
8. 식힌 찜을 적당한 모양으로 자른 뒤 초간장을 곁들인다.

재료 [4인분]

두부 1모
매생이 100g
새우살 50g
대파 1/4대
마늘 1작은술
소금, 후추 약간씩

고명

홍고추 3개
석이버섯 5장
달걀 1개
다시마가루 약간

초간장

해초진간장 1큰술
식초 1큰술
설탕 1/2작은술
참깨 약간
참기름 1작은술

SeaFood Tip /

두부는 필수아미노산이 풍부하여 양질의 단백질 보급원이며, 리놀산을 함유하고 있어 콜레스테롤을 낮추어 주므로 고지혈증 예방에 없어서는 안될 중요한 식품이다.

미더덕쑥국

1인분 열량 [**29** *kcal*]

 이렇게 만들어요

1. 미더덕은 여러 번 씻어 껍질을 제거한다.
2. 쑥은 이물질을 손질한 후 깨끗이 씻어둔다.
3. 홍고추와 대파는 둥글게 썰어 놓는다.
4. 다시마육수가 끓으면 된장을 풀어 더 끓인다.
5. 4에 쑥과 미더덕을 넣고 한소끔 끓인 후 파, 마늘, 홍고추를 넣고 찹쌀가루와 들깨가루를 넣어 풀어준 다음 끓인다.
6. 그릇에 담아낸다.

 재료 [4인분]

미더덕 200g
쑥 100g
다시마육수 6컵
된장 1큰술
홍고추 1개
찹쌀가루 1큰술
들깨가루 1큰술
대파 약간
다진마늘 1/2큰술

표고미역국

1인분 열량 [53 *kcal*]

 이렇게 만들어요

1. 미역은 넉넉한 양의 찬물에 10분 정도 불려 3~4cm 길이로 자른다.
2. 생표고는 밑기둥을 자르고 적당한 크기로 자른다.
3. 냄비에 참기름을 두르고 미역을 먼저 볶는다.
4. 미역색이 파르스름해지면 다시마육수와 새우를 넣고 끓인 후 표고를 넣고 한소끔 더 끓인다.
5. 해초국간장과 소금으로 간을 맞춘다.

 재료 [4인분]

마른미역 50g
생표고 100g
다시마육수 4컵
해초국간장 2큰술
새우 4마리
참기름, 소금 약간씩

미더덕팔보채

1인분 열량 [*142 kcal*]

 이렇게 만들어요

1. 마른 표고버섯은 물에 담가 불면 꼭지를 떼고 적당한 크기로 썰어 놓는다.
2. 미더덕은 껍질과 내장을 제거하고 수분을 빼준다.
3. 팽이버섯은 밑둥을 잘라 씻고, 피망과 해초류는 깨끗한 물에 여러 번 헹궈준다.
4. 팽이는 손으로 찢어놓고, 피망은 채썰고, 해초류는 적당한 크기로 잘라준다.
5. 프라이팬에 고추기름을 넣어 뜨거워지면 파, 마늘, 생강을 넣어 볶다가 간장, 청주로 향을 낸 다음 표고버섯을 넣어 볶다가 미더덕과 해초 그 외의 재료를 넣는다.
6. 5에 육수를 붓고 굴소스, 후추로 간을 한 뒤 끓으면 물녹말로 걸쭉하게 하고 참기름을 약간 떨어뜨려 볶아낸다.

 재료 [4인분]

미더덕 200g
마른표고 5개
팽이버섯 1봉
청·홍피망 1개씩
톳 50g
꼬시래기 50g
풀가사리 50g
모자반 50g
육수 1/2컵
해초진간장 1큰술
굴소스 1큰술
해초고추기름 3큰술
녹말가루 1/2컵
참기름 1작은술
통깨 약간
소금, 후추 약간씩
생강 1작은술
마늘 1작은술
대파 1/4대
청주 1큰술

SeaFood Tip /

팔보채는 8가지 재료인 해삼, 새우, 오징어, 쭈꾸미, 소라, 피조개, 갑오징어, 야채와 섞어 함께 볶는 요리로, 팔보는 8가지 진귀한 재료를 말한다. 채는 채소 반찬을 뜻한다. 자기의 입맛에 따라 여러 가지 재료를 사용해서 먹을 수 있다.

옥수수미더덕강정

1인분 열량 [**210** *kcal*]

이렇게 만들어요

1. 미더덕은 내장을 제거한 후 흐르는 물에 깨끗이 씻는다.
2. 캔옥수수는 체에 밭쳐 물기를 빼고 잘게 다져 놓는다.
3. 미더덕을 잘게 다져서 마늘, 소금, 후추, 참기름, 청주로 밑간을 한 후 옥수수와 함께 찹쌀가루와 전분을 섞어 둥글게 완자모양을 만들어 끓는 기름에 두 번 바삭하게 튀긴다.
4. 냄비에 육수, 고추장, 케첩, 물엿, 생강을 넣어 눋지 않도록 나무주걱으로 저어가며 약간 조린다.
5. 조려진 소스는 강정 위에 보기좋게 올리거나 튀긴 재료를 버무려서 접시에 담아도 된다.

재료 [4인분]

미더덕 200g
녹말가루 1/2컵
캔옥수수 50g
찹쌀가루 1/4컵
생강 1톨
미더덕육수 1/2컵
물엿 2큰술
청주 1큰술
케첩 2큰술
고추장 2큰술
식용유 적당량
마늘 약간
참기름 1작은술
대파 1/4대

SeaFood **Tip** /

고소한 강정을 만들기 위해서는 치즈가루를 넣으면 맛이 나고, 바삭한 튀김을 위해서는 얼음물로 반죽하면 더 바삭하게 된다.

매생이편채

1인분 열량 [**102** *kcal*]

 이렇게 만들어요

1. 매생이와 톳은 이물질 제거 후 체에 받쳐 깨끗이 씻어 물기를 빼준다.
2. 청·홍피망은 곱게 채썰어 준비하고, 무순은 깨끗이 씻어 물기를 빼준다.
3. 팽이버섯은 밑둥을 잘라 재빨리 씻어 손으로 찢어 놓는다.
4. 밀가루와 찹쌀가루를 섞어 소금과 물을 붓고 매생이를 넣어 반죽해 숟가락으로 떠서 동그랗게 전병을 부친다.
5. 매생이 전병을 펴서 팽이, 청·홍피망, 톳, 무순을 올려 돌돌 말아준다.

 재료 [4인분]

홍·청피망 1개씩
톳 50g
무순 약간
팽이버섯 1봉
톳 100g
해초기름 적당량

매생이 전병

매생이 100g
밀가루 20g
찹쌀가루 50g
소금 약간

미역완자탕

1인분 열량 [**95** *kcal*]

 이렇게 만들어요

1. 건미역은 물에 씻은 후 잘게 다지고(불리지 말 것), 새우살도 곱게 다진다.
2. 새우살과 다진 미역을 넓은 볼에 담고 다진 파, 마늘, 참기름, 소금, 후추를 넣고 양념한다.
3. 2를 치댄 다음 2cm 크기로 완자를 빚는다.
4. 넓은 접시에 밀가루를 뿌려놓고 완자를 굴려 묻힌다.
5. 완자는 달걀물에 살짝 담근 후 끓는 육수에 넣고 완자가 떠오르면 달걀물을 넣고 끓인 후 해초국간장으로 간하여 그릇에 담는다.

재료 [4인분]

마른미역 50g
생새우살 150g
다진파 0.5큰술
다진마늘 0.5큰술
다시마육수 5컵
달걀 1개
해초국간장 2큰술
참기름 약간
밀가루 1/4컵
소금, 후추 약간씩

매생이

매생이란 말은 '생생한 이끼를 바로 뜬다' 라는 뜻의 순수한 우리말이다. 청정한 바다에서만 자라기 때문에 붙은 이름으로 환경에 민감해 오염물질이 유입되면 자라지 않는다.

● 효능
산성 체질은 약알칼리성으로 체질을 개선해 주며, 성인병 예방, 피부 건강, 육아·노인·허약자의 원기를 북돋아 주고, 피로 회복에도 좋다. 5대 영양소가 골고루 들어 있는 식물성 고단백 식품이다.

● 영양 성분
철분과 칼륨, 단백질이 많이 들어 있어 엽록소와 식이섬유가 풍부하다. 그래서 소화 흡수가 잘 되고 칼로리가 낮아 다이어트 식품으로 좋다. 각종 무기질과 비타민이 많고 국물로 시원해서 숙취 해소용으로 제격이다.

● 생산지와 생산 시기
매생이는 남도의 바닷가에서 오로지 겨울철에만 만날 수 있는 녹색 해조류이다.
출하 시기는 설 전후에 잠깐 나오기 때문에 오래두고 먹으려면 매생이를 대량 구매해서 사용한다.

● 손질법과 보관법
매생이는 체에 밭쳐 흐르는 물에 살살 씻어 이물질을 제거하고 깨끗이 씻어 주면 된다. 냉동실에 보관하면 1년 동안 먹을 수 있다.

Section 02

아이들요리

통감자해초구이 | 미더덕해초파스타 | 피망해초크림찜 | 풀가사리고구마핑거 | 해초김말이튀김
파래스코치에그 | 미더덕떡볶이 | 미더덕자장밥 | 미더덕해초초밥 | 파래찐빵 | 미더덕팬케이크
해초삼색전 | 매생이옥수수탕 | 미더덕닭롤 | 해초유부초밥 | 해초오믈렛

🍴 재료 [4인분]

통감자 4개, 마요네즈 3큰술, 톳 30g,
건풀가사리 20g, 다시마 30g, 설탕 1작은술

SeaFood Tip /

감자를 김이 오른 찜통에 먼저 찌거나 전자렌지에 익힌 후 오븐에 구우면 조리 시간을 줄일 수 있다.
여러 가지 재료를 활용한 샐러드로 이용할 수 있는데 달걀, 새우, 토마토, 브로콜리, 아보카도 등 다른 재료를 섞어서 얹어도 좋다.

통감자해초구이 1인분 열량 [**84** *kcal*]

 이렇게 만들어요

1 감자는 껍질째 깨끗이 씻어 십자로 칼집을 내어준다.
2 건풀가사리는 물에 불려 씻은 후 수분을 제거하고, 톳과 다시마도 씻어 수분 제거 후 잘게 다져 놓는다.
3 오븐을 230℃로 예열한 다음 감자를 35분 정도 구운 후 속을 조금 파 놓는다.
4 마요네즈에 해초류, 설탕, 감자를 넣고 버무린다.
5 구운 감자에 버무린 재료를 올리고 마무리한다.

미더덕해초파스타

1인분 열량 [**288** *kcal*]

 이렇게 만들어요

1. 파스타는 끓는 물에 소금을 넣고 12분 정도 삶아 체에 밭쳐 물기를 뺀 뒤 기름을 발라둔다.
2. 바지락조개는 소금물에 담가 해감하고, 미더덕은 내장과 껍질을 제거하고 씻어 준비한다.
3. 해초류는 깨끗한 물에 여러 번 헹궈 먹기 좋게 썰어 물기를 빼준다.
4. 프라이팬에 버터를 두르고 저민 마늘을 약한 불에서 볶는다.
5. 향이 나기 시작하면 조개와 미더덕을 넣고 살짝 볶은 다음 백포도주를 넣고 강한 불에서 알코올이 날아가도록 볶는다.
6. 5에 육수와 크림소스, 해초류를 넣고 살짝 끓인 다음 소금, 흰후추로 간한다.
7. 뜨거운 크림소스에 삶은 파스타를 넣고 살짝 볶은 후 그릇에 담는다.

 재료 [4인분]

파스타 150g
소금 1큰술
바지락조개 100g
미더덕 100g
톳 50g
모자반 50g
건풀가사리 50g
해초기름 2큰술

크림 소스

백포도주 2큰술
버터 1큰술
생크림 50cc
마늘 2쪽
화이트소스 100cc
다시마육수 1컵
소금, 흰후추 약간씩

SeaFood **Tip** /

화이트소스는 버터, 생크림, 우유 등을 넣어 고소하고 풍부한 맛을 즐기는 크림소스로, 불의 세기를 잘 조절하는 것이 관건이다. 너무 센 불에서 끓이면 분리되므로 주의하도록 한다.

피망해초크림찜

1인분 열량 **[151 kcal]**

이렇게 만들어요

1. 청·홍피망은 꼭지를 따고 속의 씨를 깨끗하게 제거한다.
2. 해초류는 여러 번 깨끗이 헹궈 수분을 제거한 후 잘라놓는다.
3. 두부는 으깨어 면보나 키친타월로 수분을 제거한다.
4. 볼에 으깬 두부, 다진 해초류, 소금, 참기름, 후추를 넣고 끈기 있게 반죽한다.
5. 손질한 피망 안쪽에 밀가루를 골고루 바르고 4의 반죽(소)을 소복하게 얹어준다.
6. 김이 오른 찜통에 행주를 깔고 준비한 피망을 놓고 속이 익도록 찐다.
7. 냄비에 화이트소스와 생크림을 넣고 고루 섞은 후 백포도주를 넣고 살짝 끓인다.
8. 소스가 끓으면 피망 찐 것을 넣고 숟가락으로 소스를 끼얹어 가며 살짝 끓인다.
9. 화이트소스와 피망해초찜이 서로 맛이 잘 어우러지면 꺼내 그릇에 담아낸다.

재료 [4인분]

청·홍피망 2개씩
밀가루 1/4컵
두부 1/2모
톳 60g
모자반 60g
풀가사리 60g
소금 약간

크림찜소스

화이트소스 200cc
생크림 50cc
백포도주 2큰술
후추 약간

SeaFood **Tip** /

찜을 할 때에는 반드시 물이 끓은 후에 음식을 넣는다. 찜통 안의 온도가 낮을 때 음식을 넣으면 찜통 내부와 음식의 표면이 물에 젖게 된다.

 재료 [4인분]

고구마 200g, 건풀가사리 50g, 꿀 6큰술, 구운소금 약간

SeaFood Tip /

고구마는 칼륨 성분이 많은 알칼리성 식품으로 빛깔이 노르스름한 것이 비타민 A 함량이 많다. 고구마는 100g당 130cal 이상 열량이 나오기 때문에 발육기 어린이에게는 좋은 간식이다.

풀가사리고구마핑거 1인분 열량 [96 *kcal*]

🍅 이렇게 만들어요

1 고구마는 껍질을 벗겨 쪄낸다.

2 건풀가사리는 잡티를 제거하고 분쇄기에 살짝 갈아준다.

3 쪄낸 고구마는 꿀, 소금을 약간 넣고 섞어서 으깬 후 손으로 다양한 모양을 만든다.

4 모양을 낸 고구마를 풀가사리가루에 굴려서 묻힌다.

5 보기 좋게 접시에 담아낸다.

해초김말이튀김

1인분 열량 [**107** *kcal*]

이렇게 만들어요

1. 모자반, 톳, 다시마는 씻어서 수분을 제거한 후 적당히 썰어 놓는다.
2. 건풀가사리는 물에 살짝 불려 수분을 제거한 후 썰어둔다.
3. 홍피망은 반으로 갈라 씨를 제거한 후 채썰고, 팽이는 밑둥만 자르고 손으로 찢어 놓는다.
4. 김발 위에 김을 깔고 팽이를 얹은 후 손질한 해초류를 가지런히 놓고 말아 놓는다.
5. 4의 겉면에 마른 밀가루를 묻힌다.
6. 튀김가루에 찬물을 섞어서 묽게 반죽을 한다.
7. 170℃ 기름에 노릇노릇 튀겨낸 뒤 먹기 좋게 썰어 놓는다.

재료 [4인분]

김 2장
모자반 50g
다시마 50g
톳 50g
건풀가사리 50g
홍피망 1개
팽이버섯 1봉
튀김기름 적당량
튀김가루 적당량
밀가루 적당량

SeaFood **Tip** /

일반적으로 기름을 발라 구운 김을 많이 먹지만 날 김이나 기름을 바르지 않고 구운 김이 건강에 더 좋다. 아무리 좋은 기름을 사용해도 시간이 지날수록 산패되기 쉽고 소금을 뿌리다 보면 염분 섭취량이 높아진다. 기름에 구운 김을 좋아한다면 번거롭더라고 먹을 만큼만 그때그때 구워 먹는 것이 건강에 이롭다.

파래스코치에그

1인분 열량 [**147** *kcal*]

🍅 이렇게 만들어요

1. 냄비에 달걀을 넣고 물이 잠길 정도로 붓고 나무주걱으로 5분 정도 저어준 다음 10분쯤 더 삶아 완숙으로 만든다.
2. 감자는 삶아서 뜨거울 때 으깨어 준다.
3. 삶은 달걀은 껍질을 제거하고 밀가루를 묻혀준다.
4. 밀가루 묻힌 달걀에 으깬 감자 옷을 입혀준 뒤 파래가루를 묻히고 달걀물을 입힌다.
5. 프라이팬에 기름을 두르고 파래스코치에그를 지져낸다.
6. 반으로 잘라서 케첩을 올린 후 접시에 예쁘게 담아낸다.

 **재료** [4인분]

달걀 4개
감자 200g
파래가루 1/2컵
밀가루 1/2컵
케첩 3큰술
달걀물 약간
소금, 후추 약간씩
식용유 적당량

미더덕떡볶이

1인분 열량 [**204** *kcal*]

 이렇게 만들어요

1. 미더덕은 내장을 제거하고 흐르는 물에 깨끗이 씻어 체에 밭쳐 수분을 빼준다.
2. 해초류도 깨끗이 여러 번 헹궈 적당한 크기로 썰어 놓는다.
3. 떡은 물에 담가 두고, 어묵은 삼각형으로 썰어준다.
4. 대파는 어슷하게 썰고, 양배추는 한입 크기로 썰어 준비한다.
5. 프라이팬에 다시육수를 붓고 어묵을 넣어 끓기 시작하면 양념과 떡을 넣고 중불에서 조린다.
6. 미더덕을 넣고 해초와 야채를 넣은 후 한번 더 끓여준다.

 재료 [4인분]

미더덕 200g
떡볶이떡 200g
사각어묵 2장
톳 30g
건풀가사리 20g
다시마 50g
양파 50g
대파 1/2대
양배추 50g
고추장 4큰술
고춧가루 1큰술
물엿 1큰술
미더덕다시마육수 4컵
설탕 1큰술
소금 약간

미더덕자장밥

1인분 열량 [**262** *kcal*]

 이렇게 만들어요

1. 잘 달궈진 프라이팬에 분량의 해초고추기름을 넣고 춘장을 넣은 후 약한 불에서 10분 정도 볶아 체에 밭쳐 춘장기름을 따로 준비한다.
2. 감자는 사방 1cm 크기로 썰어 찬물에 넣어 전분기를 빼주고, 오이는 채썰어 놓는다.
3. 당근, 호박, 양파도 1cm 크기로 썰고, 미더덕도 깨끗이 씻은 후 내장과 껍질을 제거하고 씻어 놓는다.
4. 프라이팬에 춘장기름을 두르고 감자, 당근, 호박, 양파 순으로 센 불에서 볶다가 미더덕과 춘장을 넣어 살짝 볶은 후 녹말물을 넣고 농도를 맞춘다.
5. 밥 위에 4의 짜장 소스와 오이를 올려 담아낸다.

 재료 [4인분]

밥 4공기
미더덕 300g
춘장 4큰술
오이 1/2개
감자 1개(중간크기)
당근 1/2개
호박 1/2개
양파 1개(중간크기)
육수 1컵
소금, 후추 약간씩
녹말가루 1/2컵
식용유 2큰술
해초고추기름 2큰술
참기름 1작은술

SeaFood **Tip** /

춘장을 볶을 때는 기름의 양이 충분해야 한다. 기름과 춘장의 양을 동일하게 하여 먼저 기름을 넣고 달군 다음 춘장을 넣는다. 단냄새가 나면서 향이 좋아질 때까지 약한 불에서 볶으면 된다.

미더덕해초초밥

1인분 열량 [*315 kcal*]

이렇게 만들어요

1. 쌀을 불려 물 3컵과 소금을 넣고 고슬하게 밥을 짓는다.
2. 밥에 배합초를 뿌려 보슬보슬하게 섞으면서 김이 날아갈 때까지 식힌다.
3. 미더덕은 작은 칼로 껍질과 내장을 제거한 후 소쿠리에 밭쳐 씻은 후 수분을 빼준다.
4. 건풀가사리는 물에 불리고, 톳과 다시마는 찬물에 담가 2~3번 주물러 헹궈 물기를 뺀 후 적당한 크기로 썰어 놓는다.
5. 밥을 적당량 뭉쳐서 모양을 내고 미더덕과 해초, 무순을 올린 후 다시마 끈으로 묶는다.
6. 분량의 재료를 섞어 겨자해초간장을 만들어 곁들인다.

재료 [4인분]

쌀 3컵
물 3컵
미더덕 200g
톳 30g
건풀가사리 30g
다시마 50g
무순 20g

겨자해초간장

해조진간장 3큰술
설탕, 물 1큰술씩

배합초

식초 2큰술
설탕 1작은술
소금 약간

SeaFood **Tip** /

손에 밥풀을 묻히지 않고 깔끔하게 초밥 만드는 비결은 바로 식초를 사용하는 것이다. 맨손으로 음식을 만들어야 하므로 순간순간 손을 소독하고 뜨거운 손의 체온을 식히기 위해 식초를 이용한다.

파래찐방

1인분 열량 [**216** *kcal*]

 이렇게 만들어요

1. 건파래는 잡티를 제거한 뒤 분쇄기에 넣고 곱게 갈아준다.
2. 중력분은 체에 내려 파래가루와 섞어준다.
3. 2에 달걀흰자, 생크림, 이스트, 설탕을 넣고 섞어준 후 1시간 정도 숙성시킨다.
4. 숙성시킨 반죽을 그릇이나 용기에 부어 김이 오른 찜통에 10~15분 쪄낸다.
5. 식으면 그릇이나 용기에서 떼어내 접시에 예쁘게 담는다.

재료 [4인분]

중력분 1컵
달걀흰자 1개
건파래 50g
생크림 1/2컵
설탕 3큰술
이스트 약간

미더덕팬케이크

1인분 열량 [**248** *kcal*]

 이렇게 만들어요

1. 건미더덕껍질은 분쇄기로 갈아 가루를 낸다.
2. 우유와 달걀을 볼에 넣어 섞은 후 핫케익가루와 미더덕껍질가루를 넣고 잘 섞어준다.
3. 프라이팬에 기름을 약간 두르고 반죽을 부어 구워낸다.
4. 접시에 담은 후 시럽을 용기에 담거나 얹어서 낸다.

 재료 [4인분]

건미더덕껍질 50g
핫케익가루 200g
달걀 1개
우유(생크림) 150mL
기름 4큰술

시럽
꿀 2큰술
물 2큰술

재료 [4인분]

물파래 50g, 김 20g, 건풀가사리 20g, 달걀 1개, 부침가루 1컵, 다시육수 1/2컵, 해초기름 3큰술, 홍고추 약간

SeaFood Tip /

풀가사리는 봄철에 제주지역에서 많이 생산되며 마른 상태의 해초로 유통되어 생것으로는 잘 접할 수가 없다. 따라서 말린 풀가사리를 이용해야 한다.

해초삼색전

1인분 열량 [*152 kcal*]

 이렇게 만들어요

1 파래는 여러 번 깨끗이 씻어 물기를 제거하고 믹서에 갈아서 사용한다.
2 마른 김은 가위로 잘게 자른다.
3 건풀가사리는 물에 살짝 불려 물기를 제거하고 믹서에 갈아서 놓는다.
4 위 세 가지 재료에 달걀과 부침가루를 각각 따로 섞어 반죽한다.
5 달군 프라이팬에 각각의 반죽을 한입 크기로 노릇노릇하게 부친다.

매생이옥수수탕

1인분 열량 [**90** *kcal*]

 이렇게 만들어요

1. 매생이는 옅은 소금물에서 살살 흔들어가며 깨끗이 씻어 놓는다.
2. 옥수수와 건청량고추를 잘게 다져 놓는다.
3. 프라이팬에 기름을 두르고 생강 다진 것을 넣고 향을 낸 뒤 옥수수와 육수를 붓고 중불에서 끓인 후 소금, 후추로 간을 맞춘다.
4. 탕이 끓으면 물녹말로 약간 걸쭉하게 한 뒤 달걀을 풀어 넣고 젓는다.
5. 달걀이 부드럽게 익으면 매생이를 넣고 한소끔 끓인 뒤 참기름을 넣어 마무리한다.

 재료 [4인분]

매생이 200g
옥수수 1/2캔
달걀 1개
소금 1작은술
다시마육수 2컵
기름 1큰술
생강 1/2쪽
물녹말 1/2컵
참기름 1작은술
후추 약간
건청량고추 약간

SeaFood **Tip** /

달걀이 익으면 바로 매생이를 넣고 재빨리 익힌 뒤 불을 끈다. 너무 오래 끓이면 딱딱해진다.

미더덕닭롤

1인분 열량 [**112** *kcal*]

 이렇게 만들어요

1. 닭가슴살은 곱게 다져 소금, 후추로 밑간을 한다.
2. 미더덕은 손질 후 깨끗이 씻어 잘게 다져서 수분을 빼준다.
3. 풀가사리와 모자반은 물에 불려 손질한 후 물기를 빼서 다져준다.
4. 김발에 젖은 면보를 깔고 다진 닭고기를 펴고 미더덕, 풀가사리, 모자반을 얹고 돌돌 말아 한 김 오른 찜통에 10분쯤 쪄준다.
5. 식으면 먹기 좋게 잘라 접시에 담는다.

 재료 [4인분]

미더덕 200g
모자반 50g
닭가슴살 200g
건풀가사리 30g
녹말가루 1/2컵
소금, 후추 1/2작은술씩

해초유부초밥

1인분 열량 [*326 kcal*]

 이렇게 만들어요

1. 해초는 손질 후 깨끗한 물에 헹궈 물기를 제거하고 잘게 다진다.
2. 넓은 그릇에 밥과 배합초를 넣은 후 골고루 섞어주고 해초와 참기름을 넣어 버무린다.
3. 유부주머니를 벌려 재료를 골고루 섞은 밥을 꼭꼭 눌러 속을 채운다.
4. 접시에 먹기 좋게 담아낸다.

 재료 [4인분]

유부 12장
톳 50g
미역 50g
꼬시래기 50g
밥 4공기
참기름 1작은술

배합초

식초 3큰술
설탕 2큰술
통깨, 소금 약간씩

해초오믈렛

1인분 열량 [**345** *kcal*]

 이렇게 만들어요

1. 미더덕은 껍질과 내장을 제거하고 깨끗이 씻어 물기를 없앤 후 썰어 놓는다.
2. 해초류는 깨끗이 씻어서 수분을 제거하고 먹기 좋게 다져 놓는다.
3. 홍피망은 씨를 제거하여 채썰고, 단무지는 다져 놓는다.
4. 달걀은 풀어 소금과 전분을 약간 섞어서 체에 한번 내린다.
5. 밥은 해초와 야채, 미더덕, 단무지를 넣고 볶는다.
6. 프라이팬에 기름을 두르고 비닐에 달걀을 넣고 구멍을 내어 그물망처럼 모양을 내어 부친 후 5를 얹고 한쪽으로 말아 오믈렛 모양으로 만들어 준다.

 재료 [4인분]

밥 4공기
미더덕 200g
달걀 4개
톳 30g
다시마 30g
건풀가사리 20g
홍피망 1개
단무지 1/2개
양파 1개
후추, 소금 약간씩
식용유 적당량
전분 적당량

SeaFood **Tip** /

▶▶ 오믈렛은 주로 아침에 한끼 식사 대용으로 손색이 없다. 개인의 취향에 따라 야채와 햄, 베이컨, 콩, 치즈류을 이용해도 좋다.

▶▶ 오믈렛을 잘 만들려면 프라이팬의 선택이 중요한데 길이 잘든 두툼한 철제로 지름 22cm가 적당하고, 새것이나 스테인레스제는 길이 안들어 좋지 않다. 그리고 기름으로 사용하는 올리브유나 식용유보다는 버터를 사용하는 것이 맛과 풍미를 높여준다.

풀가사리

● 효능
식이섬유 함유율 80%인 풀가사리(한천)는 변비 해소에 좋고 포만감을 주어 칼로리 섭취를 억제한다. 또 혈당 상승을 막아 콜레스테롤을 감소시키는 효과도 있다.
수분이 대부분이고 나머지는 한천질로 이루어져 있고 칼로리가 거의 없어 비만한 사람에게 좋다. 성질이 따뜻하여 몸이 찬 사람이 먹으면 혈액을 정화하고 호르몬 분비를 정상화시키며 소화 흡수 기능이 지나치게 왕성한 사람들의 비만 방지에도 좋다. 최근 다이어트 식품 소재로 많이 사용되고 있다.

● 영양 성분
칼슘과 섬유소가 많은 저칼로리 식품이다.

● 생산지와 생산 시기
이른 봄 제주 지역에서 생산되고 있으며 생산 지역이 한정되므로 생풀가사리로는 잘 접할 수가 없다. 주로 건풀가사리로 유통된다.

● 손질법과 보관법
찬물에 여러 번 헹궈 염분을 제거하고 사용하거나 건조시켜서 물에 불려 사용한다. 서늘하고 건조한 곳에 보관한다.

Section 03

별미요리와 보양요리

해초김밥 | 미더덕쌈밥 | 매생이국수 | 해초비빔밥 | 매생이떡국 | 오이해초선
매생이수제비 | 풀가사리속청국 | 해초피클 | 해초해파리냉채 | 다시마양배추물김치 | 파래국
다시마두부선 | 미더덕국밥 | 해초양배추말이찜 | 매생이미음 | 미더덕죽

 재료 [4인분]

밥 1공기, 달걀 2개, 톳 50g, 건풀가사리 50g, 꼬시래기 50g, 해초기름·소금 약간씩

SeaFood **Tip** /

칼질에 자신이 없다면 롤이 흐트러지지 않도록 랩을 씌운 상태에서 썰어도 좋다(랩 조각이 속으로 들어가지 않게 조심한다). 잘 드는 칼에 물을 묻혀서 썰거나, 한번에 눌러 썰지 말고 앞뒤로 톱질하듯 칼질을 한다.

해초김밥

1인분 열량 [*345 kcal*]

 이렇게 만들어요

1. 달걀에 소금을 약간 넣고 풀어서 체에 내린다.
2. 해초들은 깨끗한 물에 여러 번 헹궈 손질한 후 적당한 크기로 썰고 물기를 제거한다.
3. 프라이팬에 해초기름을 약간 두르고 달걀지단을 부쳐낸다.
4. 해초는 구운소금, 참기름으로 밑간을 하고 달걀지단 위에 각각의 해초를 따로 얹어 하나씩 말이를 하여 부쳐준다.
5. 김 위에 각각의 달걀해초말이들을 얹고 잘 말아준 다음 1.5cm 간격으로 고르게 썬다.
6. 그릇에 마요네즈를 뿌리고 김을 보기좋게 담은 후 무순과 풀가사리로 장식한다.

미더덕쌈밥

1인분 열량 [*298 kcal*]

 이렇게 만들어요

1. 미더덕은 껍질과 내장을 제거하고 씻은 후 물기를 없앤다.
2. 깻잎은 손질 후 소금을 넣고 끓는 물에 살짝 데쳐 찬물에 헹궈 식힌다.
3. 홍고추는 둥글게 모양내어 썰고, 밥은 소금과 참기름으로 밑간을 한다.
4. 참기름에 된장을 볶은 후 마요네즈, 참기름, 깨소금을 섞어 쌈장을 만든다.
5. 깻잎 위에 한입 크기로 밥과 미더덕을 올려놓고 예쁘게 말아준다.
6. 말아진 쌈밥 위에 쌈장을 올리고 홍고추로 장식한다.

 재료 [4인분]

밥 4공기
미더덕 200g
깻잎 12장
홍고추 1개
된장 2큰술
마요네즈 1큰술
참기름 1작은술
깨소금, 소금 약간씩

SeaFood **Tip** /

깻잎의 바깥 부분을 안쪽에 두고 사면 윤기 나고 매끄러운 표면이 나타난다. 깻잎은 채소류 중 시금치보다 철분을 더 많이 함유하고 있다. 특히 비타민 C도 많은데 열에 약해 가능한 한 생으로 섭취하는 것이 가장 좋다.

🍴 재료 [4인분]

매생이 200g, 다시마육수 5컵(표고버섯, 무, 다시마, 양파, 대파, 미더덕껍질), 소면 200g, 달걀 1개, 해초국간장 1작은술, 소금 약간

양념장
해초간장 3큰술, 고춧가루 1/2큰술, 설탕 1작은술, 청·홍고추 1개씩, 마늘 2쪽, 참기름 1작은술, 참깨·잔파 약간씩

SeaFood Tip /

국수끼리 붙지 않도록 삶기 위해서는 물에 소금을 조금 넣고 물이 끓어오르면 소면을 펼쳐 넣는다. 소면이 끓어오르면 찬물을 1~2번 끼얹어 주고 소면이 전체적으로 투명해지면 다 익은 것이다. 물은 국수의 5배 정도 붓고 삶아야 한다.

매생이국수

1인분 열량 [**227** *kcal*]

 이렇게 만들어요

1 냄비에 물과 다시마육수 재료를 넣고 20분 정도 끓여 국물을 우린다. 국물이 우러나면 체에 걸러 국물만 받는다. 해초국간장과 소금을 넣고 밑간을 한다.
2 매생이는 여러 번 깨끗이 씻어 물기를 빼둔다.
3 분량의 재료로 양념장을 만든다.
4 달걀을 분리해 황백지단을 만들어 가늘게 채썰거나 완자형으로 썬다.
5 냄비에 물을 넉넉히 붓고 물이 끓어오르면 소면을 넣어 면이 반투명해질 때까지 5분 정도 삶는다. 면이 다 익으면 찬물에 재빨리 헹군다.
6 다시육수가 끓을 때 매생이를 넣고 한소끔 더 끓여준다.
7 대접에 국수를 담고 매생이 국물을 붓고 황백지단을 얹어준다.
8 양념장을 곁들여 낸다.

해초비빔밥

1인분 열량 [*272 kcal*]

 이렇게 만들어요

1. 건해초는 불리고 다른 해초는 깨끗이 씻어 수분을 제거하고 적당한 크기로 썰어 놓는다.
2. 김은 살짝 구워 팩에 넣어 부숴 놓는다.
3. 콩나물과 시금치는 끓는 물에 살짝 데쳐 소금과 해초국간장, 참기름으로 밑간하여 묻혀 놓는다.
4. 무순과 새싹도 씻어 물기를 뺀다.
5. 냄비에 분량의 양념 재료를 넣고 저어가며 볶는다.
6. 그릇에 밥을 담고 준비한 해초류와 콩나물, 시금치, 무순, 새싹, 김가루를 가지런히 담고 비빔고추장을 담아낸다.

 재료 [4인분]

밥 4공기
건풀가사리 20g
모자반 50g
톳 50g
다시마 50g
파래 50g
꼬시래기 50g
김 30g
콩나물 100g
시금치 100g
무순 20g
새싹 50g

비빔고추장

고추장 1/2컵
쇠고기(다진것) 50g
해초진간장 2큰술
물엿, 설탕 2큰술씩
맛술 2큰술
마늘 1큰술
깨소금 1큰술
참기름 1작은술
땅콩가루 2큰술
생강즙 1작은술

SeaFood Tip /

비빔고추장 또는 해초고추장은 미리 많은 양을 만들어 놓았다가 떡볶이, 새싹, 야채, 볶음요리 등 다른 요리에 응용하면 간편한 요리를 만들 수 있다.

매생이떡국

1인분 열량 [**279** *kcal*]

 이렇게 만들어요

1. 매생이는 체에 밭쳐 여러 번 씻는다.
2. 조갯살, 새우살, 굴도 엷은 소금물에 살살 흔들어가며 씻어 물기를 빼준다.
3. 떡도 씻어 놓는다. 떡이 단단하면 물에 잠깐 불려둔다.
4. 냄비에 다시마육수와 해산물을 넣고 끓으면 떡을 넣는다. 마지막에 매생이를 넣고 한소끔 끓인 뒤 해초국간장과 소금간을 하고 대파를 올린 후 불을 끈다.
5. 그릇에 담아 먹기 직전에 참기름을 한 방울 떨어뜨려 먹으면 고소하다.

 재료 [4인분]

매생이 200g
떡국떡 400g
생굴 100g
새우살 50g
조갯살 50g
다시육수 6컵
해초국간장 3큰술
소금, 참기름 약간씩
대파 약간

SeaFood Tip /

매생이는 전라남도 해안에서 겨울철에 자생하는 해초류이다. 파래와는 다르게 누에실보다 가늘고 길이도 길며, 향이 좋고 단백질 함량이 높아 숙취 해소에 좋다.

오이해초선

1인분 열량 [**45** *kcal*]

 이렇게 만들어요

1. 오이는 씻어 4cm 길이로 토막을 내어 반으로 잘라 2.5cm 간격으로 어슷하게 칼집을 넣어 소금에 살짝 절인다.
2. 건풀가사리는 물에 불려서 수분을 제거하고 적당한 크기로 잘라 놓는다.
3. 모자반은 흐르는 물에 씻어서 이물질을 제거하고 채썰어 놓는다.
4. 달걀은 흰자에 소금을 약간 넣고 지단을 부쳐 채썰어 놓는다.
5. 준비된 건풀가사리, 모자반, 달걀흰자를 칼집 넣은 오이에 끼워 넣는다.
6. 단촛물을 뿌려 담아낸다.

 재료 [4인분]

오이 1개, 건풀가사리 20g, 모자반 50g, 달걀 1개

단촛물

식초 2큰술, 물 3큰술, 설탕 1큰술, 소금 1작은술

SeaFood **Tip** /

오이는 크기가 크지 않고 씨가 없는 것을 골라야 씹히는 맛이 있다. 수분이 많아 쉽게 상하고 물러지므로 수분 흡수력이 좋은 키친타월이나 신문지로 싸서 냉장고에 넣어둔다.

매생이수제비

1인분 열량 [**384** *kcal*]

이렇게 만들어요

1. 매생이는 깨끗이 손질한 후 적당한 크기로 자르고 물기를 꼭 짜준다.
2. 체에 내린 밀가루와 찹쌀가루를 매생이, 소금, 물을 넣고 반죽한 뒤 랩에 싸서 30분 동안 둔다.
3. 감자는 껍질을 깎은 후 수제비 크기로 큼직하게 썰어 물에 담가 놓는다.
4. 미더덕은 껍질과 내장을 제거하여 씻고, 호박은 반달모양으로, 홍고추는 둥글게 썰어둔다.
5. 냄비에 다시마육수와 미더덕을 넣고 팔팔 끓으면 감자를 넣고 반죽을 얇게 잡아 당겨 뚝뚝 떼어 넣는다.
6. 한소끔 끓으면 호박, 홍고추, 대파, 마늘, 해초국간장을 넣고 간을 맞춘다.
7. 그릇에 담아내고 양념장을 만들어 곁들여 내도 좋다.

재료 [4인분]

매생이 100g
밀가루 1컵
찹쌀가루 1컵
소금 1/2작은술
호박 1/2개
감자 2개
미더덕 100g
다시마육수 6컵
(표고, 대파, 양파, 무, 다시마, 미더덕껍질)

양념장

홍고추 1개
해초국간장 3큰술
다진마늘 1작은술
잔파 약간
깨소금 약간
참기름 1작은술
고춧가루 1작은술

SeaFood **Tip** /

수제비 반죽을 쫄깃하게 하는 방법 중에는 레몬즙이나 식용유 1큰술를 넣으면 좋다.
수제비 반죽에 멸치가루와 콩가루, 해초가루를 조금 섞어 넣으면 단백질과 칼슘, 무기질이 첨가되어 영양가도 높고 맛도 좋다.

풀가사리속청국

1인분 열량 [**410** *kcal*]

 이렇게 만들어요

1. 건풀가사리는 물에 불려 물기를 제거한 후 적당한 크기로 잘라 놓는다.
2. 불린 속청은 비린내가 안날 정도로 삶아 껍질을 제거한다.
3. 믹서에 참깨와 속청을 넣고 곱게 간 후 소금으로 간한다.
4. 그릇에 콩물을 붓고 풀가사리를 올린다.

 재료 [4인분]

건풀가사리 20g
불린 속청 2컵
참깨 1/2컵
구운소금 약간

해초피클

1인분 열량 [**68** *kcal*]

 이렇게 만들어요

1. 해초류는 씻어서 물기를 빼준다.
2. 오이는 굵은 소금으로 문질러서 씻고 양파, 풋고추, 홍피망도 씻어 물기를 닦는다.
3. 풋고추는 간간한 소금물에 30분 정도 미리 절여둔다.
4. 적당한 크기의 병에 재료를 담는다.
5. 피클 소스를 팔팔 끓여 4에 부은 후 물이 식으면 뚜껑을 닫고 하루 정도 지난 후에 먹으면 된다.

 재료 [4인분]

다시마 50g
톳 50g
모자반 50g
오이 1개
양파 1/2개
풋고추 4개
홍피망 1개
통마늘 4개

피클 소스

다시마육수 2컵
설탕 5큰술
해초진간장 5큰술
식초 3큰술
소금 약간

해초해파리냉채

1인분 열량 [**56** *kcal*]

 이렇게 만들어요

1. 해파리는 끓는 물에 살짝 담근 뒤 찬물에 헹궈 적당한 크기로 썰어둔다.
2. 톳, 다시마, 모자반, 풀가사리는 깨끗이 씻은 후 수분을 제거하고 잘라둔다.
3. 양파와 적채는 채썰어 둔다.
4. 대파는 잘게 다져 분량의 마늘 소스에 섞어준다.
5. 볼에 해파리와 해초류를 섞어서 접시에 담아 마늘 소스로 무치거나 뿌려낸다.

 재료 [4인분]

해파리 300g, 톳 50g, 다시마 50g, 모자반 50g, 풀가사리 50g, 양파 1개, 적채 50g

마늘 소스
마늘 2큰술, 설탕 1큰술, 식초 5큰술, 물 5큰술, 소금 1작은술, 대파(흰부분) 1/4대

SeaFood **Tip** /

해파리는 뜨거운 물에 살짝 데쳐야 하는데 많이 데치면 고무줄처럼 질겨져 먹을 수가 없다. 그래서 끓는 물을 식힌 후 살짝 담가 내면 부드럽게 먹을 수 있다.

다시마양배추물김치

1인분 열량 [*83 kcal*]

 이렇게 만들어요

1 양배추와 적채는 깨끗이 씻어 밑부분을 깊게 도려내어 소금물에 절인 후 한 잎씩 떼어낸다.

2 다시마는 끓는 물에 살짝 데치고 김치국물을 내기 위해 데친 물에 무를 넣고 끓여서 식혀준다.

3 양배추잎을 펴놓고 다시마와 적채, 깻잎을 순서대로 반복하여 얹은 후 굵은 실이나 꼬지로 묶어 고정시킨다.

4 식힌 다시마물에 무즙, 설탕, 식초, 소금, 마늘을 넣고 김치 국물을 만들어 놓는다.

5 만들어 놓은 김치에 국물을 부어 밀폐시킨 후 냉장 보관하여 꺼내 적당하게 썰어 먹는다.

 재료 [4인분]

양배추 1/2통
적채 1/2통
다시마 100g
깻잎 12장
무우 100g
굵은소금 약간

김치국물

무즙 1컵
설탕 2컵
식초 2컵
생강 1톨
물 4컵
마늘 약간
소금 약간

SeaFood **Tip** /

양배추는 올리브, 요구르트와 함께 서양의 3대 장수식품 중 하나이다. 열에 매우 약하기 때문에 생으로 먹는 것이 가장 좋다. 꾸준하게 하루 950mL 정도를 공복에 섭취하면 위궤양에 좋은 효과를 볼 수 있으며, 특히 녹색 잎과 심 부분에 영양이 많으므로 버리지 말고 토마토, 포도, 오렌지, 감자 등을 즙으로 낼 때 섞어서 해도 좋다.

파래국

1인분 열량 [**53** *kcal*]

 이렇게 만들어요

1. 파래는 이물질이 많이 있어 여러 번 깨끗이 헹궈 수분을 짜준다.
2. 손질한 파래는 먹기 좋게 썰어둔다.
3. 다시마육수가 팔팔 끓으면, 파래를 넣고 해초국간장으로 간하고 홍고추와 고춧가루, 잔파를 넣은 후 살짝 익힌다.
4. 그릇에 담아 참기름과 통깨를 떨어뜨려 먹는다.

 재료 [4인분]

파래 200g
다시마육수 6컵
해초국간장 2큰술
참기름 1작은술
통깨 약간
홍고추 약간
잔파 약간
고춧가루 약간

SeaFood Tip /

성질이 찬 파래는 과민성 피부염이나 아토피 피부염을 진정시켜 주고, 칼로리가 낮아 다이어트에 아주 좋은 식품이다. 특히 파래에 함유된 비타민 A는 담배의 니코틴을 중화·해독시켜 체외로의 배출을 도와주고, 간기능을 도와 스트레스와 피로도 풀어준다. 그래서 흡연가들이 꼭 섭취해야 할 필수 식품 중 하나이며 남성, 여성 모두에게 좋은 식품이다.

🥢 재료 [4인분]

다시마 100g, 건풀가사리 20g, 미역 50g, 톳 50, 모자반 50g, 당근 60g, 두부 1/2모, 건표고 40g, 달걀 1개, 전분 1/4컵

초고추장
해초진간장 · 마늘 · 후추 · 설탕 약간

SeaFood Tip /

다시마는 말린 잎이 빳빳하고 빛깔이 검으며 두꺼울수록 질이 좋다. 보관하고 있는 다시마에 곰팡이가 슬었다면 진한 소금물에 담가 곰팡이를 깨끗이 씻어낸 뒤 그늘에 바삭해질 때까지 말려 사용하면 좋다.

다시마두부선

1인분 열량 [**115** *kcal*]

 이렇게 만들어요

1. 다시마는 물에 헹궈 김밥 김 크기로 자른다.
2. 건표고는 미지근한 물에 불려서 헹궈 물기를 꼭 짜고 해초진간장, 마늘, 후추로 양념을 해 놓는다.
3. 풀가사리는 물에 불리고 미역, 톳, 모자반은 깨끗이 헹궈 적당한 크기로 잘라 놓는다.
4. 두부는 면보에 꼭 짜서 수분을 없앤 뒤 소금, 달걀을 넣고 으깨어 준다.
5. 당근은 채썰어 소금을 뿌린 뒤 데쳐준다.
6. 김발에 면보를 깔고 다시마를 펼친 후 전분을 발라준다. 그 다음 으깬 두부를 얹은 후 해초류와 당근, 표고를 놓고 김밥처럼 말아준다.
7. 김이 오른 찜솥에서 약 10분 정도 쪄낸다.
8. 식힌 후 먹기 좋게 자르고 초고추장을 곁들여 낸다.

미더덕국밥

1인분 열량 [**295** *kcal*]

 이렇게 만들어요

1. 미더덕은 내장만 제거하고 흐르는 물에 깨끗이 씻는다.
2. 시래기는 다듬어 데쳐 놓는다.
3. 대파와 청·홍고추는 어슷썰고, 김은 구워서 비닐팩에 넣어 잘게 부숴준다.
4. 콩나물과 시래기, 미더덕, 들깨가루, 대파, 청·홍고추를 넣고 육수를 부어 끓인다.
5. 국물이 끓으면 밥을 넣고 한번 더 끓인 후 국간장으로 간을 약하게 하고 상에 내기 직전 김가루와 고춧가루, 달걀을 넣어준다.
6. 새우젓을 곁들여 내어 식성대로 간을 맞춰 먹어도 좋다.

 재료 [4인분]

밥 4공기
미더덕 200g
콩나물 200g
시래기 100g
대파 50g
달걀 4개
콩나물다시마육수 6컵
청·홍고추 1개씩
들깨가루 1큰술
김가루 약간
고춧가루 1큰술
해초국간장 1작은술

SeaFood Tip /

국밥은 다른 반찬이 없이도 갖가지 영양소를 섭취할 수 있는 식품이다. 콩나물은 열에 약하기 때문에 살짝 익혀 먹는 것이 좋다. 미더덕은 콩나물의 10배가 넘는 숙취를 제거하는 성분을 함유하고 있어 숙취 제거에는 특효이다.

재료 [4인분]

미더덕 200g, 양배추잎 6장, 꼬시래기 100g, 다시마 100g, 소금·후추 약간, 밀가루 약간

소스
두반장 2큰술, 다진파·마늘 1/2큰술씩, 해초고추기름 1큰술, 케첩 1큰술, 설탕 1큰술, 물 1/2컵, 녹말물 1큰술, 생강 1작은술

SeaFood Tip /

두반장 소스 말고 토마토 소스를 이용해도 좋다. 양배추는 야채를 잘 먹지 않는 아이들에게 볶음밥으로, 또는 양배추에 말아 김밥처럼 먹게 해 주면 잘 먹는다. 다양한 야채들을 넣고 한번에 먹을 수 있어 아이들에게 좋은 요리이다.

해초양배추말이찜 1인분 열량 [*83 kcal*]

 이렇게 만들어요

1. 양배추는 한 잎씩 떼어 끓는 물에 데쳐 물기를 빼고 가운데 심은 저며 낸다.

2. 미더덕과 해초류는 깨끗이 손질한 후 다져준다.

3. 미더덕과 해초를 넣고 소금, 후추로 간하여 소를 만들어준다.

4. 양배춧잎에 밀가루를 솔솔 뿌리고 3의 소를 한 덩어리로 만들어 넣고 돌돌 말아준다.

5. 냄비에 해초고추기름을 두르고 다진 파, 마늘, 생강을 넣고 향을 낸 뒤 두반장과 케첩, 육수를 붓고 끓이다 설탕과 녹말물을 넣고 끓여준다.

6. 소스가 끓으면 양배추말이를 넣고 10분쯤 끓인 다음 소금과 후추로 간을 한다.

7. 국물이 자작해지면 건져서 반으로 잘라 그릇에 담고 소스를 끼얹는다.

매생이미음

1인분 열량 [**175** *kcal*]

 이렇게 만들어요

1. 불린 쌀은 믹서에 곱게 간다.
2. 매생이는 엷은 소금물에 살살 흔들어 깨끗이 씻어 놓는다.
3. 냄비에 쌀물을 담고 주걱으로 저어가면서 끓인다.
4. 미음이 어느 정도 끓어 퍼지면 매생이를 넣고 한소끔 더 끓이고 농도를 조절한 후 간하여 불을 끈다.
5. 먹기 직전에 참기름을 한 방울 떨어뜨린다.

재료 [4인분]

불린 쌀 1컵
매생이 100g
소금 약간
해초국간장 약간
참기름 1작은술

미더덕죽

1인분 열량 [**289** *kcal*]

 이렇게 만들어요

1. 쌀을 깨끗이 씻은 후 체에 밭쳐 물기를 뺀다.
2. 미더덕은 껍질과 내장을 제거한 후 소쿠리에 밭쳐 흐르는 물에 씻어 놓는다.
3. 냄비에 참기름을 두르고 쌀을 볶다가 다시마육수를 붓고 끓인다.
4. 미더덕은 잘게 다져서 죽이 어느 정도 퍼지면 맛술을 넣고 한소끔 더 끓인다.
5. 해초국간장과 소금으로 간을 하고 참기름을 떨어뜨린다.

재료 [4인분]

불린 쌀 2컵
미더덕 200g
미더덕다시마육수 8컵
맛술 1큰술
해초국간장 1작은술
참기름 1작은술
소금 약간

톳

● 효능
톳은 식이섬유와 무기질이 많아 고콜레스테롤을 억제하고, 뼈 손상을 예방하고, 항암작용을 한다. 포화지방산이 많은 고기와 함께 섭취하면 혈중 콜레스테롤을 낮춰 주고 고기에 부족한 식이섬유도 많이 보충해 준다.

● 영양 성분
철분이 가장 많고 칼륨과 나트륨, 칼슘, 아연, 비타민 A, B_1, B_{12}, 무기염류와 미네랄, 식이섬유가 많이 함유되어 있다.

● 생산지와 생산 시기
우리나라 주문진 이남에서 서남지역까지, 제주도, 남해안에 많이 서식한다. 12월경에서 다음해 3월까지 채취의 최성기이다

● 손질법과 보관법
톳은 염분을 충분히 제거한 후 깨끗한 물에 여러 번 헹궈 사용한다. 초여름에 싸게 대량으로 구입해 염분을 빼고 반그늘에서 3~4일 정도 완전히 말린다. 그러면 한겨울에도 비타민과 무기질을 섭취할 수 있다.

Section **04**

간편한 반찬요리

꼬시래기무침 | 해초보쌈김치 | 톳새싹명란무침 | 미더덕젓갈 | 모자반찜 | 풀가사리두부무침
김매운강정 | 청포묵해초무침 | 해초볶음 | 미더덕땅콩장조림 | 톳조개탕 | 고구마해초생채
미더덕취나물무침 | 건미역볶음 | 해초냉국 | 해초미더덕스프 | 다시마감자조림 | 고추장해초조림

 재료 [4인분]

꼬시래기 200g, 홍고추 1개

젓갈양념

멸치액젓 2큰술, 설탕 1큰술, 마늘·생강 1/2작은술씩, 참깨·참기름 약간씩, 고춧가루 1큰술

SeaFood Tip /

젓국으로 간을 했을 때 단백질과 칼슘을 보충할 수 있다. 그러나 국물요리인 경우 너무 오래 끓이면 맛이 없어진다.

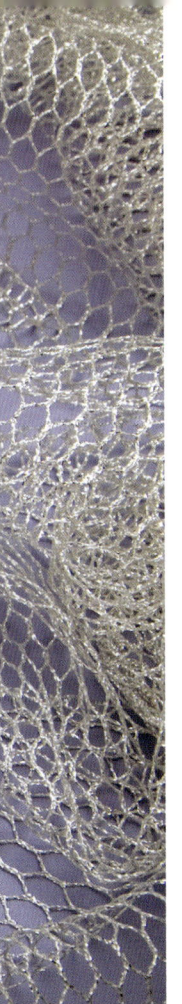

꼬시래기무침　1인분 열량 [*48 kcal*]

 이렇게 만들어요

1　꼬시래기는 물에 깨끗이 씻어 물기를 꽉 짜준다.

2　양념장을 섞어 만든다.

3　볼에 꼬시래기를 담고 양념장을 넣어 가볍게 버무린다.

4　접시에 보기 좋게 담아낸다.

해초보쌈김치

1인분 열량 [**61** *kcal*]

 이렇게 만들어요

1. 배추는 잎을 따서 소금을 뿌려 절인 뒤 씻어 놓는다.
2. 해초는 씻어서 물기를 제거하고 적당한 크기로 썰어둔다.
3. 마늘과 생강은 곱게 채썰어 준비한다.
4. 젓갈 양념을 만든다.
5. 4의 양념에 해초를 넣고 버무린다.
6. 오목한 그릇에 절인 배춧잎을 돌려 담고 버무려 놓은 해초김치를 소복하게 올린다.

 재료 [4인분]

배추 1/4포기
톳 50g
모자반 50g
건풀가사리 20g
꼬시래기 50g
다시마 50g
굵은소금 적당량

젓갈양념

마늘 1큰술
생강 1쪽
고춧가루 4큰술
새우젓 1/2큰술
설탕, 소금 약간
통깨 약간
멸치액젓 2큰술
설탕 1큰술

SeaFood Tip /

보쌈은 갖가지 양념과 해물을 사용하여 만든 김치로, 손이 많이 가서 흔히 만들어 먹는 김치는 아니다. 주로 잔치나 큰 행사 때 만들어 이색적이고 고급스러움을 즐길 수 있다. 해물의 시원한 맛이 일품이지만 오래 저장하지 못하는 것이 단점이다.

톳새싹명란무침

1인분 열량 [**32** *kcal*]

 이렇게 만들어요

1. 톳은 살짝 데쳐 찬물에 헹궈 수분을 빼준다.
2. 새싹은 먹기 좋게 손질하고 흐르는 물에 씻어 준비한다.
3. 명란젓은 적당한 크기로 잘라서 준비한다.
4. 그릇에 담아 톳, 새싹, 명란젓에 소금을 넣고 버무린 후 참기름을 약간 넣고 한번 더 살살 버무린 후 흑임자를 뿌린다.

 재료 [4인분]

톳 200g
새싹 50g
명란젓 50g
흑임자 약간
참기름 1작은술
소금 약간

미더덕젓갈

1인분 열량 [**54** *kcal*]

 이렇게 만들어요

1. 미더덕은 깨끗이 손질한 후 체에 받쳐 물기를 빼준다.
2. 마늘은 편으로 썰고, 홍고추는 둥글게 썰고, 대파는 다져준다.
3. 분량의 양념을 섞어준다.
4. 볼에 미더덕과 양념장을 넣고 버무린다.
5. 그릇에 담은 후 마늘, 대파를 보기 좋게 올린다.

재료 [4인분]

미더덕 300g
마늘 3쪽
홍고추 1개
대파 약간

양념

멸치액젓 2큰술
설탕 1작은술
깨소금, 참기름 약간씩

모자반찜

1인분 열량 [*126 kcal*]

이렇게 만들어요

1. 두부는 3×4×0.7cm 정도 두께로 잘라 소금을 뿌린 후 기름에 구워 놓는다(두부는 굽지 않고 사용해도 된다).
2. 모자반은 넉넉한 물에 살짝 불린 후 새우살과 곱게 다져 소금간을 한다.
3. 미나리는 줄기만 데쳐 찬물에 헹궈 준비한다.
4. 청·홍고추는 채썰어 놓는다.
5. 분량의 재료를 섞어 양념장을 준비한다.
6. 두부 사이에 새우살과 다진 모자반으로 속을 채우고 미나리로 묶어준다.
7. 냄비에 두부를 깔고 청·홍고추를 넣고 양념장을 넣은 후 약한 불에서 양념이 골고루 배어 들도록 국물을 끼얹어 가며 조린다.

재료 [4인분]

모자반 100g
두부 1모
새우살 100g
소금 2작은술
고춧가루 1큰술
해초고추씨기름 적당량

양념장

해초진진장 2큰술
청·홍고추 1개씩
통깨 1큰술
미나리 50g
물엿 1큰술
대파 약간
마늘 1작은술
맛술 1큰술

SeaFood **Tip** /

두부는 물기가 많기 때문에 조리 전에 물기를 제거한 후 소금을 뿌려 사용하며, 미리 구워서 사용하면 부서지지 않고 물기도 많이 생기지 않아 요리하기 편하다.

풀가사리두부무침

1인분 열량 [**94** *kcal*]

 이렇게 만들어요

1. 풀가사리는 손질한 후 깨끗이 씻어 적당한 크기로 잘라준다.
2. 두부는 2×1.5cm로 썰거나 모양틀로 찍은 후 소금을 약간 뿌려 놓는다.
3. 냄비에 물을 올려 준비한 두부와 풀가사리를 살짝 데쳐낸다.
4. 분량의 양념장을 만들어 준비한다.
5. 먹기 직전에 두부와 풀가사리를 그릇에 담고 그 위에 양념장으로 무치거나 끼얹어서 낸다.

 재료 [4인분]

두부 1모
건풀가사리 70g

양념

해초진간장 2큰술
고춧가루 1큰술
다진파 1/2작은술
마늘 1/2작은술
설탕 1작은술
소금 약간
참기름 1작은술
깨소금 약간

김매운강정

1인분 열량 [46 *kcal*]

🍅 이렇게 만들어요

1. 김은 살짝 구워 적당한 크기로 잘라 놓고, 대추는 씨를 빼고 말아서 썰어 놓는다.
2. 프라이팬에 해초고추기름을 두르고 마늘을 볶다가 간장, 물엿, 설탕, 청량고추, 소금을 넣고 끓인다.
3. 2의 양념이 식으면 김에 참기름, 깨소금을 넣고 버무린다.
4. 버무린 김은 비닐 팩에 넣어 모양을 잡아준다.
5. 모양이 잡힌 김강정을 칼로 먹기 좋게 잘라서 그릇에 담은 후 대추로 장식하여 담아낸다.

재료 [4인분]

김 10장
해초진간장 1/2컵
물엿 2큰술
설탕 2큰술
소금 약간
해초고추기름 2큰술
마늘 1큰술
참기름 2큰술
통깨 2큰술
청량고추 1작은술
대추 4개

청포묵해초무침

1인분 열량 [**87** *kcal*]

이렇게 만들어요

1. 청포묵은 가늘게 채썰어 끓는 물에 소금 약간 넣고 살짝 데쳐 물기를 뺀다.
2. 해초는 깨끗이 씻어 물기를 빼고 가늘게 썰어 놓는다.
3. 홍고추는 씨를 제거하고 채썰어 둔다.
4. 달걀은 황백지단을 얇게 부쳐 4cm 길이로 채썰고, 김은 살짝 구워 잘게 부숴 놓는다.
5. 볼에 청포묵, 해초, 홍고추를 넣고 준비한 초간장으로 버무린다.
6. 접시에 청포묵 무친 것을 담고 황백지단과 김을 차례로 올리면서 담는다.

 재료 [4인분]

청포묵 200g
건풀가사리 20g
꼬시래기 50g
모자반 50g
다시마 50g
김가루 1/4장
홍고추 1개
달걀 1개
소금 약간

초간장

해초진간장 1큰술
마늘 1작은술
참깨 약간
식초 1큰술
소금 약간
설탕 1큰술

SeaFood **Tip** /

청포묵 굳은 것은 끓는 물에 데쳐 찬물에 담가 두면 다시 부드러워진다. 청포묵의 굵기와 길이를 일정하게 썰고자 한다면 칼날에 물기를 묻히면 한결 쉽다.

해초볶음

1인분 열량 [**65** *kcal*]

 이렇게 만들어요

1. 해초는 깨끗이 씻어 적당한 크기로 썰어 놓는다.
2. 건풀가사리는 물에 불려 이물질을 제거하고 수분을 제거한 뒤 썰어둔다.
3. 홍고추는 동그랗게 잘라 씨를 제거한다.
4. 프라이팬에 해초고추기름을 두르고 마늘과 생강을 넣고 향을 내어 볶은 뒤 해초류와 홍고추를 넣고 재빨리 볶아낸다.
5. 땅콩가루를 뿌려 그릇에 담아낸다.

 재료 [4인분]

모자반 80g
톳 80g
다시마 50g
꼬시래기 80g
건풀가사리 50g
홍고추 1개
다진마늘 1/2작은술
생강 1/2작은술
해초고추기름 1큰술
소금 약간
땅콩가루 약간

미더덕땅콩장조림

1인분 열량 [*192 kcal*]

이렇게 만들어요

1. 땅콩은 불린 다음 깨끗이 씻어 땅콩의 5배 정도로 물을 부어 말랑말랑하게 익을 때까지 푹 삶아 찬물에 헹궈 건진다.
2. 미더덕은 깨끗이 손질 후 내장을 제거하고 수분을 빼준다.
3. 냄비에 조림장 재료를 분량대로 넣고 끓인다.
4. 조림장이 끓으면 삶아 놓은 땅콩을 넣고 은근한 불에서 가끔씩 섞어주면서 조린다.
5. 약불에 10분 정도 조리다가 미더덕을 넣고 살짝 조린 다음 간이 배면 불을 끄고 계피가루, 참기름을 섞는다.

재료 [4인분]

미더덕 300g
땅콩 100g
계피가루 약간
참기름 약간

조림장

해초진간장 5큰술
맛술 1컵
생강 10g
다시마육수 1컵
물엿 3큰술
설탕 1큰술

톳조개탕

1인분 열량 [**98** *kcal*]

 이렇게 만들어요

1. 조개는 옅은 소금물에 담가 해감시킨다.
2. 톳은 깨끗이 씻어 이물질을 제거한 후 적당한 크기로 썬다.
3. 다시마육수가 팔팔 끓으면 조개를 넣고 입이 벌어질 때까지 끓인다.
4. 톳을 넣고 살짝 익힌 후 청량고추를 넣고 소금, 후추로 간한다.
5. 그릇에 담고 대파, 홍고추를 얹는다.

 재료 [4인분]

톳 120g
조개 2컵
다시마육수 4컵
대파 1/4개
홍고추 1/2개
소금 약간
청량고추 약간
후추 약간

SeaFood **Tip** /

▶▶ 모시조개나 대합처럼 껍질이 붙어 있는 신선한 조개류는 냉장실에서 1~2일 정도 보관 가능하다. 더 오래 두고 먹으려면 옅은 물에 해감시킨 조개의 수분을 제거한 후 냉동실에 보관한다.

▶▶ 국물에 조개를 넣을 경우 재료가 다 익은 다음에 넣는 것이 연하고 맛있다.

▶▶ 단백질과 철분이 풍부한 조개를 넣고 국을 끓이면 조개 특유의 시원하고 감칠맛이 난다. 조개 속의 타우린, 비타민, 아미노산 등의 핵산류와 호박산, 질소화합물 등이 어우러져 나는 맛이 일품이다. 조금 더 얼큰하게 먹으려면 청량고추를 넣어도 좋다.

고구마해초생채

1인분 열량 [**103** *kcal*]

 이렇게 만들어요

1. 고구마는 가늘게 채썰어 차가운 사과주스에 20분 정도 담 갔다가 물기를 뺀다.
2. 톳과 모자반은 깨끗이 씻어 물기를 뺀 다음 먹기 좋게 썰 어 놓는다.
3. 사과초고추장은 분량의 재료를 넣고 만든다.
4. 고구마와 해초, 양파를 초고추장에 넣고 가볍게 무친다.

 재료 [4인분]

고구마 200g
톳 50g
모자반 50g
양파 1/3개

사과초고추장

고추장 1큰술
해초진간장 1작은술
사과즙 1큰술
생강즙 1작은술
설탕 1큰술
식초 2큰술
사과주스 2컵
마늘 1작은술

미더덕취나물무침

1인분 열량 [**61** *kcal*]

 이렇게 만들어요

1. 미더덕은 내장을 제거하고 흐르는 물에 씻어 잘게 다진다.
2. 취나물은 손질한 후 깨끗이 씻어 끓는 물에 소금을 약간 넣고 데쳐 찬물에 헹군 다음 물기를 뺀다.
3. 분량의 양념으로 볶음 된장을 만든다.
4. 볼에 적당한 크기로 썬 취나물을 담고 양념장으로 조물조물 무친다.

 재료 [4인분]

미더덕 200g
취나물 200g

양념

된장 2큰술
홍고추 1개
땅콩 1작은술
고춧가루 1작은술
참기름 1작은술
미더덕껍질가루 약간
참깨 약간
대파 1/4대
마늘 1작은술

 재료 [4인분]

건미역 80g, 식용유 6큰술, 설탕 4큰술, 통깨 1큰술

SeaFood **Tip** /

▶▶ 미역을 꾸준히 먹으면 혈액순환이 잘 되고 암이 예방되며 몸속 중금속이 배출된다.

▶▶ 미역차는 어깨나 등의 뭉친 근육을 풀어주고, 변비를 없애 물 대신 즐겨 마셔도 좋다. 미역을 깨끗이 씻어 하루 정도 깨끗한 물에 담가 두었다가 건진 물을 끓여 마신다. 맛이 민숭맹숭하면 흑설탕을 조금 넣어도 좋다.

건미역볶음

1인분 열량 [**80** *kcal*]

 이렇게 만들어요

1. 건미역은 젖은 면보로 표면을 가볍게 닦은 후 가위로 2~3cm 길이로 자른다.
2. 달군 프라이팬에 기름을 두르고 손질한 미역을 재빨리 볶아낸다.
3. 미역이 파릇하게 볶아지면 설탕과 통깨를 넣고 고루 섞는다.
4. 식힌 후 밀폐용기에 담아 조금씩 꺼내 먹는다.

해초냉국

1인분 열량 [*135 kcal*]

 이렇게 만들어요

1. 톳과 모자반, 풀가사리는 깨끗이 손질한 후 팔팔 끓는 물에 재빨리 데쳐 물기를 뺀다.
2. 홍고추, 대파는 둥글게 썬다.
3. 냉국은 맹물을 냄비에 부어 팔팔 끓인 다음 식혀서 식초, 해초진간장으로 간을 하고 냉장고에 보관한다.
4. 볼에 해초를 먹기 좋게 자른 다음 파, 마늘, 깨소금, 소금, 설탕을 넣고 살짝 양념하여 섞어준다.
5. 양념한 해초에 밑간이 들면 차갑게 해둔 냉국을 붓고 홍고추를 올려준다.

 재료 [4인분]

톳 80g
모자반 80g
풀가사리 30g
냉국 4컵
(찬물, 식초 1큰술,
해초진간장 2큰술)
홍고추 약간
대파 약간
소금, 깨소금 약간씩
다진파 1작은술
다진마늘 1작은술
설탕 1큰술

SeaFood Tip /

국물을 미리 부으면 해초류들이 풀어져 붙게 되어 재료가 밑에 가라앉는다. 상에 내기 직전에 냉국물을 붓는 것이 좋다.

해초미더덕스프

1인분 열량 [**185** *kcal*]

 이렇게 만들어요

1. 미더덕은 엷은 소금물에서 깨끗이 여러 번 헹궈 씻어 냄비에 물, 미더덕, 셀러리잎, 양파를 넣고 끓인다.
2. 미더덕이 익으면 살과 껍질을 분리한다.
3. 양파, 감자, 셀러리는 각각 0.5cm 크기로 썬 뒤 감자는 물에 담가 녹말기를 뺀다.
4. 해초류는 깨끗이 손질한 후 찬물에 여러 번 헹궈 수분을 제거하고 먹기 좋게 썬다.
5. 냄비에 버터를 두르고 양파와 셀러리를 넣고 볶다가 밀가루를 뿌려서 볶는다.
6. 밀가루가 투명하게 볶아지면 미더덕국물과 우유를 섞어서 조금씩 부으면서 덩어리가 지지 않게 풀어준다.
7. 눋지 않게 주걱으로 저으면서 10분쯤 끓이다가 감자를 넣고 15분 정도 끓여 거품을 걷는다
8. 감자가 익으면 미더덕살과 생크림, 손질한 해초류를 넣고 고운소금, 후추, 타바스코 소스, 우스터 소스로 간을 한다 (타바스코 소스와 우스터 소스가 없으면 소금의 양을 약간 늘려 간을 맞춘다).
9. 그릇에 수프를 담고 위에 장식용 미더덕살을 얹는다.

 재료 [4인분]

톳 50g
모자반 50g
꼬시래기 50g
풀가사리 50g
양파 1개
감자 100g
셀러리 30g
버터 25g
밀가루 1/2컵
우유 1/2컵
생크림 75cc
고운소금 1/4작은술
타바스코 소스 약간
우스터 소스 약간
미더덕 200g
고운소금 약간
다시마육수 1컵
양파 1/4개

SeaFood **Tip** /

미더덕은 특이한 향이 있어 음식을 맛있게 한다. 피부 미용과 비만 예방에 도움이 된다. 성장기 청년과 유아의 두뇌 발달에 좋으며, 숙취 제거에 특효(콩나물 10배)이며, 항암 작용, 노화 억제, 성인병 예방 등에 효과적이며 특히 소화가 잘 된다.

다시마감자조림 1인분 열량 [*86 kcal*]

 이렇게 만들어요

1. 감자는 껍질을 벗겨 알맞은 크기로 썰어 모서리를 둥글게 깎아준다.
2. 다시마는 행주로 닦은 후 매듭을 지어 만들어 놓는다.
3. 감자는 찬물에 담가 전분기를 빼준다.
4. 냄비에 기름을 두르고 감자를 볶다가 소금, 물엿, 설탕, 육수를 넣고 20분 정도 조리다가 내리기 5분 전에 다시마를 넣고 더 조려서 그릇에 담은 후 흑임자를 뿌려준다.

 재료 [4인분]

건다시마 30g
감자 5개
해초기름 1큰술
물엿 3큰술
설탕 1큰술
다시마육수 2컵
소금 약간
흑임자 약간

고추장해초조림

1인분 열량 [**52** *kcal*]

 이렇게 만들어요

1 해초는 씻어서 수분을 뺀 뒤 적당한 크기로 잘라준다.

2 냄비에 해초를 담고 고추장소스를 넣고 무친 후 해초고추기름으로 볶아준다.

3 볶던 냄비에 다시마육수를 넣고 조려준다.

 재료 [4인분]

모자반 50g
톳 50g
풀가사리 50g
꼬시래기 50g
다시마 50g
다시마육수 1컵

고추장 소스

고추장 2큰술
물엿 1큰술
다진파 1큰술
다진마늘 1/2큰술
다시마육수 2큰술
마늘 약간
고추기름 1큰술

모자반

● 효 능

모자반에 함유된 비타민 C는 피부 단백질인 콜라겐 합성을 돕고 잔주름을 예방하고 항산화작용으로 인체의 산화를 보호해 준다. 또한 세포대사를 촉진하여 노화 방지와 기미, 주근깨, 여드름에도 좋다.

● 영양 성분

칼슘, 인, 비타민 A, B_1, B_2, C, 단백질, 당질이 많이 함유되어 있다.

● 생산지와 생산 시기

우리나라 전 연안에 서식하고 있으며 12월경에서 이듬해 3월까지 생산된다.

● 손질법과 보관법

모자반은 찬물에 담가 염분기를 뺀 다음 여러 번 깨끗하게 헹구어 사용한다.
서늘하고 빛이 차단된 건조한 곳에 보관한다. 말려서 사용하거나 말려서 가루로 만들어 천연 양념으로도 가능하다.

Section 05

파티요리

새우해초카나페 | 스타푸드해초에그 | 두부매생이냉채 | 미더덕초회 | 오색해초달걀말이
미더덕해초딤섬 | 해초주먹밥 | 미더덕바게트 | 해초샌드위치
해초쌀강정 | 해초경단 | 해초다식 | 파래양갱 | 해초과자 | 매생이사과주스

재료 [4인분]

오이 1개, 새우 8마리, 건풀가사리 20g, 꼬시래기 50g, 모자반 50g, 파래 50g, 새싹 20g

피망 소스

홍피망 50g, 양파 50g, 식초 1큰술, 올리브오일 1.5큰술, 설탕 1큰술, 소금·후추 약간씩

SeaFood Tip /

새우를 삶거나 데칠 때 펄펄 끓는 물에 레몬즙을 몇 방울 떨어뜨려 레몬향으로 새우의 해감내를 제거하며 삶는다. 새우를 반듯하게 삶으려면 배쪽 머리 밑부터 꼬리 끝까지 꼬챙이를 반듯하게 끼워 데친다.

새우해초카나페

 이렇게 만들어요

1 오이는 필러를 이용하여 얇게 깎아 놓는다.
2 새우는 등의 내장을 제거하고 소금을 넣어 끓는 물에 데쳐 껍질을 제거한다.
3 건풀가사리는 물에 불려 헹군 뒤 수분을 제거하고 먹기 좋게 자른다.
4 파래와 모자반은 깨끗이 헹궈 수분을 제거하고 잘라 놓는다.
5 홍피망과 양파를 다진 후 나머지 재료를 넣고 소스를 만든다.
6 저민 오이 안에 해초류를 넣어 함께 말아준다.
7 새우와 새싹을 올리고 소스는 먹기 직전에 뿌려준다.

스타푸드해초에그

1인분 열량 [*109 kcal*]

이렇게 만들어요

1. 냄비에 달걀이 잠길 정도로 물을 넣고 노른자가 중앙에 오도록 삶는다.
2. 해초는 손질한 후 깨끗한 물에 헹궈 물기를 짜고 잘게 다진다.
3. 달걀이 삶아지면 찬물에 담가 식혀 껍질을 벗긴 후 반으로 갈라 흰자는 용기로 사용하고 노른자는 체에 내린다.
4. 볼에 달걀 노른자와 해초를 넣고 소금, 후추, 설탕, 마요네즈를 넣어 잘 섞어준다.
5. 짤 주머니에 4의 재료를 넣고 달걀흰자 속에 예쁜 모양으로 짜서 속을 채운다(숟가락으로 속을 채워도 된다).

 재료 [4인분]

달걀 4개
풀가사리 30g
톳 30g
모자반 30g
마요네즈 2큰술
설탕 1작은술
소금, 후추 약간씩

SeaFood **Tip** /

달걀을 처음 5분쯤은 수저로 굴려 주면서 삶으면 달걀노른자가 중앙에 오도록 삶을 수 있다. 그 뒤 10분 정도 더 삶으면 완숙으로 잘 익혀낼 수 있다. 달걀에 버무린 입자가 크면 짤 주머니를 짤 때 잘 나오지 않기 때문에 사용할 재료는 잘게 다져야 한다.

두부매생이냉채

1인분 열량 [**106** *kcal*]

이렇게 만들어요

1. 두부는 6등분해서 살짝 데친 후 물기를 빼고 소금간을 약간하여 차게 해 놓는다.
2. 매생이와 미더덕은 체에 밭쳐 여러 번 흔들어 깨끗이 씻고 물기를 빼주며, 풀가사리는 물에 불려 씻어 놓는다.
3. 양파와 무, 홍고추는 사방 0.4cm 크기로 잘게 썬다.
4. 식초물에 매생이를 잠시 잰 후 꼭 짜준다. 나머지 반은 양파와 무에 넣어 절인 후 숨이 죽으면 꼭 짠다.
5. 냄비에 가쓰오부시 국물을 끓이다가 간장, 설탕, 다진 마늘을 넣고 조린다.
6. 소스가 걸쭉해지면 무, 양파, 참기름과 깨소금을 넣고 차게 식힌다.
7. 차게 식힌 두부에 매생이, 미더덕, 풀가사리, 홍고추 순으로 올려 장식한 뒤 소스를 끼얹어 낸다.

 재료 [4인분]

두부 1모
매생이 100g
미더덕 100g
홍고추 1/2개
건풀가사리 10g

식초물

식초 1큰술
설탕 1/2큰술
물 1큰술
소금 1작은술

소스

가쓰오부시국물 1/2컵
해초진간장 2큰술
참기름 1/2큰술
설탕 1/2큰술
깨소금 1/2큰술
다진마늘 1/4작은술
무 1/4개
양파 1/4개

SeaFood Tip /

칼로리는 낮고 단백질이 풍부한 두부와 피를 맑게 해주는 해초는 환상적인 궁합으로 여자들의 다이어트 음식 및 참살이 식품으로 손색이 없다. 주로 미역을 많이 사용하는데 매생이나 톳, 모자반, 풀가사리 등 여러 가지 해초를 사용해도 좋다.

미더덕초회

1인분 열량 [**83** *kcal*]

 이렇게 만들어요

1. 미더덕은 내장을 제거하고 흐르는 물에 깨끗이 씻는다(초회의 미더덕은 내장 제거하지 않고 깨끗이 씻어서 사용해도 무방하다).
2. 새싹은 손질해 씻어서 물기를 빼주고, 풀가사리는 물에 불려 적당한 크기로 잘라 수분을 제거한다.
3. 초고추장을 분량의 양념대로 만든다.
4. 접시에 미더덕을 돌려 담고 해초와 새싹으로 모양내어 담는다.
5. 초고추장을 곁들여 낸다.

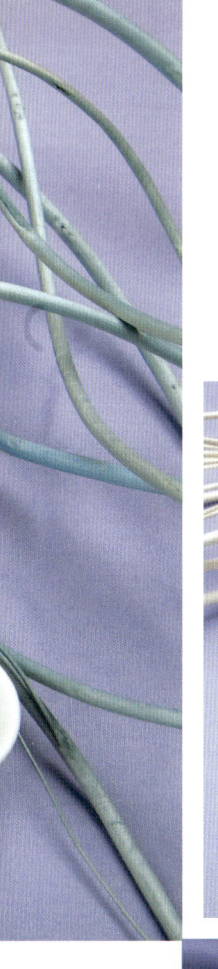

 재료 [4인분]

통미더덕 300, 건풀가사리 50g, 새싹 약간

초고추장

고추장 2큰술, 식초 1큰술, 설탕 2작은술, 해초진간장 1큰술, 물엿 1큰술, 마늘즙 1/2작은술, 레몬즙 1작은술, 생강즙 1작은술, 머스터드 소스 2큰술

SeaFood **Tip** /

초고추장을 넉넉하게 만들어 다양한 요리에 간편하고 편리하게 이용할 수 있다. 냉이, 미나리, 도라지, 더덕, 씀바귀 등을 초무침, 굴회, 낙지회, 미역초회 등으로 활용한다.

오색해초달걀말이

1인분 열량 [**125** *kcal*]

이렇게 만들어요

1. 달걀을 황백으로 나눈 후 소금으로 간을 한다.
2. 건풀가사리와 파래는 깨끗이 씻어 수분을 제거한 후 소금으로 간한다.
3. 김을 살짝 구운 후 위생 팩에 넣어 부수어 가루로 만든다.
4. 달걀흰자는 면보에 걸러내어 거품을 걷어낸 후 사용할 수 있게 준비한다.
5. 사각 프라이팬에 기름을 두르고 약불에서 달걀흰자를 먼저 붓고 익기 전에 김가루를 넣어 말고 다시 노른자를 붓고 풀가사리를 넣고 말은 후 파래를 넣고 달걀이 익기 전에 말아서 앞뒤를 익힌 후 삼각발이나 김발로 말아준다.
6. 식은 후 먹기 좋게 썰어준다.

 재료 [4인분]

달걀 5개
김 50g
건풀가사리 20g
파래 또는 매생이 50g
소금 약간
기름 약간 .

SeaFood **Tip** /

▶▶ 달걀말이를 할 경우 달걀이 익기 전에 해초를 올리고 말아야 한다. 그렇지 않고 익게 되면 잘 말아지지 않는다.

▶▶ 해초에는 미네랄과 초조함을 해소해 주는 칼슘, 빈혈 방지를 위한 철분, 아름다운 피부와 머릿결에 꼭 필요한 요오드 함유량이 많다. 그래서 다이어트에도 많이 이용되고 있으나 지나치게 한 종류만 섭취하면 칼로리가 적어 단백질이나 지방을 적당히 섭취해야 한다. 매생이를 이용하면 부족한 단백질을 섭취할 수 있다.

미더덕해초딤섬

1인분 열량 [**362** *kcal*]

 이렇게 만들어요

1. 미더덕은 껍질과 내장을 제거하고 씻은 후 수분을 없앤 다음 다져 놓는다.
2. 해초와 두부는 깨끗한 물에 헹궈 수분을 없앤 후 다져준다.
3. 미더덕과 해초, 두부, 달걀을 넣은 다음 다진 양파와 마늘, 대파를 넣고 소금, 후추로 간하여 치대어준다.
4. 만두피에 소를 넣고 오므린 뒤 다시마로 묶어준다.
5. 찜기의 밑바닥에 기름을 바르고 김을 올린 후 딤섬을 넣고 7분간 강한 불에서 찐다.

 재료 [4인분]

만두피 20장
미더덕 200g
톳 50g
건풀가사리 20g
꼬시래기 50g
다시마 50g
양파 50g
대파흰부분 50g
두부 1/4모
달걀 1개
소금, 흰후추 약간씩
마늘, 생강 1작은술씩

SeaFood **Tip** /

딤섬은 쉽게 말해 한입 크기로 만든 중국만두라는 뜻이며, 한국어로 점심을 뜻하는 말로 간단한 음식이다. 중국에서는 코스요리 중 중간 식사로, 홍콩에서는 전채요리로, 한국에서는 후식으로 많이 이용된다. 속 재료는 해산물, 육류, 생선, 단팥처럼 앙금류를 사용해 개인의 취향에 따라 즐길 수 있다.

해초주먹밥

1인분 열량 [**115** *kcal*]

 이렇게 만들어요

1. 해초는 잡티를 골라낸 다음 분쇄기로 종류별로 각각 갈아 놓는다.
2. 김은 살짝 구어 팩에 넣어 잘게 부수어 준다.
3. 밥에 각각의 재료를 따로 넣고 소금, 참기름으로 간을 맞춘다.
4. 3의 밥을 손바닥에 놓고 돌려가며 눌러 삼각기둥 모양을 만들어 그릇에 담아낸다.

재료 [4인분]

밥 2공기, 마른파래 50g, 건풀가사리 30g, 김 10장, 구운소금 · 참기름 1작은술씩

SeaFood Tip /

주먹밥을 만들 때 손에 참기름을 약간씩 발라가며 만들면 손에 붙지 않는다. 주먹밥용 밥을 지을 때는 고슬고슬하게 짓는 것이 좋으며 갓 지은 뜨거운 밥을 사용해야 밥이 잘 뭉쳐진다. 오이, 잔멸치, 흑임자, 달걀노른자 등의 재료를 이용하여 다양하게 만들 수 있다. 특히 무나 오이초절이 등을 곁들인다.

미더덕바게트

1인분 열량 [*157 kcal*]

 이렇게 만들어요

1. 미더덕은 내장을 제거하고 씻은 후 잘게 다진다.
2. 토마토는 끓는 물에 살짝 데쳐 껍질을 벗긴 후 씨를 제거하고 굵게 다진다.
3. 양파, 홍피망, 청피망은 씨를 제거하고 잘게 다진다.
4. 프라이팬에 기름을 두르고 양파를 볶다가, 토마토와 다진 야채를 넣고 볶아준다.
5. 4에 토마토케첩과 토마토페이스트를 넣고 조리다가 소금, 후추로 간을 맞춘다.
6. 1cm 정도로 슬라이스한 바게트 위에 조리한 소스를 얹는다.

 재료 [4인분]

바게트 작은 것 1개
미더덕 200g
토마토 100g
홍피망 1개
청피망 1개
양파 1개
토마토케첩 2큰술
토마토페이스트 2큰술
소금 약간
해초기름 약간
후추 약간

SeaFood **Tip** /

홀토마토는 생토마토 껍질을 벗겨 익혀서 국물과 함께 통에 담은 것으로 토마토의 맛을 가장 잘 느낄 수 있고, 생토마토보다 깊은 맛을 낸다. 생토마토 대용으로 사용해도 가능하다.

재료 [4인분]

식빵 12장, 마요네즈 1/2컵, 치즈 4장, 오이 2개, 양상추 8장, 다시마(10cm 길이) 8장, 꼬시래기 100g, 양파 1/2개, 적채 8장, 소금·후추 약간씩

SeaFood Tip /

식빵은 그대로 사용해도 좋지만 달군 팬에 살짝 굽거나 토스터기에 구워도 좋다. 빵을 구우면 고소하고 빨리 눅눅해지는 것을 막아준다.

해초샌드위치

1인분 열량 [**243** *kcal*]

 이렇게 만들어요

1. 달군 프라이팬에 식빵을 살짝 구운 후 실온에서 식힌다.
2. 오이는 깨끗이 씻어 필러로 껍질을 벗기듯 납작하게 저민다.
3. 꼬시래기는 찬물에 여러 번 헹궈 잡티를 없앤다.
4. 양파와 꼬시래기는 다져서 수분을 제거하고 소금, 후추, 마요네즈를 넣고 버무려 놓는다.
5. 양상추와 적채, 다시마도 손질 후 물기를 키친타월로 닦아준다.
6. 식빵에 마요네즈를 바른 다음 양상추를 깔고, 치즈, 오이, 다시마, 적채를 순서대로 올린 후 버무린 4을 넣고 식빵으로 덮어 먹기 좋은 크기로 썬다.

해초쌀강정

1인분 열량 [**161** *kcal*]

 이렇게 만들어요

1. 멥쌀은 깨끗이 씻은 후 5시간 정도 물에 넣고 불린다.
2. 불린 쌀은 냄비에 물을 넣고 삶아 쌀알이 퍼지기 전에 꺼내어 찬물에 여러 번 헹군 뒤 소금물에 담근 다음 체에 밭쳐 물기를 뺀다.
3. 채반에 쌀을 널어 달라붙지 않게 말린다.
4. 거름망에 말린 쌀을 180℃ 기름에 넣고 활짝 피면 튀김채로 건져 기름을 뺀다.
5. 냄비에 물엿과 설탕과 물을 넣고 시럽을 만든다.
6. 프라이팬에 시럽을 붓고 파래가루를 넣고 약간 졸여준 뒤 튀긴 쌀을 넣고 실이 나타날 때까지 나무주걱으로 저어주면서 볶아준다.
7. 사각 나무틀에 강정을 붓고 방망이로 얇게 밀어 굳기 전에 적당한 크기로 썰어둔다.
8. 백련초가루도 같은 방법으로 만든다.

 재료 [4인분]

멥쌀 1컵
파래가루 4큰술
백련초가루 1큰술
설탕 3큰술
물엿 5큰술
물 9큰술
튀김기름 적당량
소금 1작은술

SeaFood Tip /

강정은 영양이 우수하고 식품 고유의 향기와 자연의 색이 살아 있는 파래와 백련초가루 또는 유자청이나 대추 등 여러 재료를 응용하여 만들 수 있다. 지방과 비타민, 무기질이 풍부하며 보기도 좋고 맛도 좋은 영양 간식으로 또는 전통차와 후식으로 곁들여 내도 좋다.

해초경단

1인분 열량 [**308** *kcal*]

 이렇게 만들어요

1. 건해초류는 잡티를 제거한 다음 각각 분쇄기에 갈아 체에 내린다.
2. 대추는 씨를 제거한 뒤 곱게 다져 꿀을 넣고 버무려 소를 만든다.
3. 찹쌀가루에 더운 물을 조금씩 부어가면서 익반죽한 후 30분 정도 비닐에 싸둔다.
4. 3을 잘 치댄 후 한입 크기로 떼어내 동그랗게 만든 경단 안에 대추소를 넣는다.
5. 끓는 물에 경단을 넣고 떠오르면 건져서 찬물에 헹궈 식힌 후 물기를 뺀다.
6. 준비한 고물(건파래, 김, 풀가사리)을 쟁반에 놓고 삶아낸 경단에 각각의 고물을 굴리면서 묻힌다.

 재료 [4인분]

찹쌀가루 2컵
건파래 20g
김 20g
건풀가사리 20g
대추 1/2컵
꿀 3큰술

 SeaFood **Tip** /

경단을 한꺼번에 만들어 놓고 먹는 방법
고물을 입힌 상태라면 말랑한 상태 그대로 호일에 싸서 얼렸다 그냥 실온에서 자연 해동하면 쫄깃한 상태로 먹을 수 있다.
고물을 입히지 않은 찹쌀완자는 끓는 물에 데쳐 헹군 뒤 물기를 빼 냉동 보관한다. 먹을 때마다 꺼내 해동시킨 뒤 끓는 물에 다시 데쳐 찬물에 헹궈 준비하고 고물에 묻혀 먹으면 아이들 간식이나 손님 접대용으로도 좋다.

해초다식

1인분 열량 [**45** *kcal*]

 이렇게 만들어요

1. 해초류는 잡티를 제거하고 각각 분쇄기에 갈아 체에 내린다.
2. 파래가루에 소금과 꿀을 넣고 섞어서 한 덩어리로 반죽한 뒤 다식판에 꼭꼭 눌러 박아낸다.
3. 풀가사리가루에 소금과 꿀을 넣고 잘 섞어 반죽한 뒤 다식판에 눌러 박아낸다.
4. 김가루에 소금과 꿀을 넣고 한 덩어리로 반죽한 뒤 다식판에 눌러 박아낸다.
5. 먹기 좋게 접시에 담아낸다.

재료 [4인분]

건파래 50g
김 10g
건풀가시리 50g
꿀 6큰술
소금 적당량

파래양갱

1인분 열량 [211 kcal]

 이렇게 만들어요

1. 한천은 물에 담가 불려서 덩어리가 없도록 끓인다.
2. 한천 녹인 물에 흰팥앙금과 설탕을 넣고 잘 섞은 후 불에 올려 눋지 않도록 계속 저으면서 끓여준다.
3. 조금 더 조린 후 불에서 내리기 전에 파래가루, 물엿, 소금을 넣어 한소끔 끓인다.
4. 굳힘 틀의 안쪽에 물칠을 하고 팥앙금을 부어 굳힌다.
5. 양갱이 완전히 굳으면 적당한 크기로 썰거나, 모양틀에 찍어낸다.

재료 [4인분]

건파래 100g
흰팥앙금 200g
한천 10g
설탕 1/2컵
물엿 1큰술
물 1.5컵
소금 약간

재료 [4인분]

밀가루 1/2컵, 파래가루 4큰술 (or 풀가사리가루 4큰술), 설탕, 생강 2개, 튀김기름 적당량, 소금 1작은술

SeaFood Tip /

시럽으로 설탕 대신 조청이나 물엿, 꿀에 묻혀도 된다.

해초과자

1인분 열량 [**91** *kcal*]

 이렇게 만들어요

1. 밀가루와 소금은 체에 내리고, 생강은 강판에 갈아 물을 약간 타서 면보에 꼭 짜둔다.
2. 체에 내린 밀가루와 파래가루 또는 풀가사리가루에 생강을 섞어서 반죽한다(손이 달라붙지 않게 되직하게).
3. 밀대로 반죽을 편 후 1.5~5cm 크기로 잘라 중심에 세 군데 칼집을 넣은 후 뒤로 꺾어서 맨 가운데로 집어 넣어 모양을 만든다.
4. 기름 150~160℃ 예열 후 모양낸 반죽을 튀겨 건져 놓는다.
5. 약한 불에서 설탕과 물을 동량으로 해서 계피가루를 넣고 시럽을 만들어 튀긴 과자를 넣고 건진 후 고명으로 파래가루를 뿌린다.

매생이사과주스

1인분 열량 [**58** *kcal*]

 이렇게 만들어요

1. 매생이는 여러 번 깨끗이 헹궈 이물질을 제거한 다음 씻어준다.
2. 사과는 껍질과 씨를 제거하고 적당한 크기로 썰어둔다.
3. 믹서에 매생이, 사과, 요구르트를 넣고 갈아준다.
4. 컵에 부어 만든 즉시 먹는다.

 재료 [4인분]

매생이 200g
요구르트 200ml
사과 1개

SeaFood **Tip** /

주스는 다양한 재료를 이용할 수가 있다. 요구르트, 우유, 두유, 채소, 과일 등으로 공복에 차게 마셔야 효과가 좋다. 만들어 보관하였다가 마시는 것보다 만든 즉시 먹는 것이 좋다.

- 요리 & 푸드스타일링 어시스턴드
  이영순, 이정원 원장, 김선희 실장
- 포토그래퍼
  조완석(디자인 EYE 스튜디오)
- 도와 주신 분들
  마산시, 경남은행 정경득은행장님,
  마산시의회 강용범의원님,
  이옥선의원님, 진동미더덕관계자 여러분,
  창원전문대학 신동주 입시처장님, 김종현교수님,
  이선령 '순수우리두부' 사장님,
  추영희, 하판녀, 정영자, 양명희, 원길자, 안순자

해초와 미더덕

2008년 4월 1일 인쇄
2008년 4월 5일 발행

지은이 : 이영순
펴낸이 : 남상호

펴낸곳 : 도서출판 **예신**
www.yesin.co.kr

140-896 서울시 용산구 효창동 5-104
전화 : 704-4233, 팩스 : 715-3536
등록 : 제03-01365호(2002. 4. 18)

값 14,000원

ISBN : 978-89-5649-061-8

* 이 책에 실린 글이나 사진은 문서에 의한 출판사의
동의 없이 무단 전재·복제를 금합니다.

SeaFood